AF285378

- Hochsensible Menschen –

Reizüberflutung erkennen, verstehen, umgehen

Impressum

2022©Copyright

Alle Rechte vorbehalten

Autor: Iris Winkels
in Vertretung Lysvold publish media
Grundweg 4
9527 NHW
vitalundstark@gmail.com

Herstellung und Verlag: BoD – Books on Demand, Norderstedt

Hochsensibel Menschen
ISBN: 9783754377918

Haftungsausschluss

Das Buch einschließlich aller Inhalte ist urheberrechtlich geschützt. Jede Verwendung ist ohne Zustimmung der Autorin, unzulässig. Dies gilt insbesondere für die elektronische und sonstige Vervielfältigung, Sämtliche Inhalte dieses Buchs wurden auf Basis von vertrauenswürdigen Quellen nach bestem Wissen und Gewissen recherchiert. Trotzdem stellt dieses Buch keinen Ersatz für eine psychologische und medizinische Beratung dar.

Inhalt

Vorwort

Ich freue mich, dass sie sich für diesen Ratgeber entschieden haben. Wie der Titel schon beschreibt, werfen wir einen Blick auf das ganze Leben eines hochsensiblen Menschen. Klären Fragen, bieten Werkzeuge und Ratschläge für sie und ihre Familien, um die Hochsensibilität zu verstehen und lernen den bestmöglichen Umgang.

Wissen Sie, Hochsensibilität ist keine Schwäche, wenn sie als Gabe erfolgreich im Alltag eingebracht wird. Das sollte sowohl hochsensiblen Kindern als auch Erwachsenen aufgezeigt werden, denn diese Gabe wird von vielen Betroffenen als Belastung empfunden. Die Sinne hochsensibler Menschen funktionieren auf einem höheren Niveau als bei den meisten anderen. Berührungen, Geräusche, Lichter, Geschmäcker und Gerüche können zur Herausforderung werden. Zudem spielt auch die Ernährung solcher Menschen oft eine zentrale Rolle, da ihre Verdauung sehr empfindlich ist. Schätzungsweise 15-20% der Bevölkerung sind als hochsensibel einzustufen, und bis zu 30% laut neuesten Studien. Dies bedeutet, dass Hochsensibilität wohl relativ häufig aufzutreten scheint und daher nicht als seltenes Phänomen einzustufen ist. Ich werde aus diesem Grund mit ihnen auf die Thematiken vom Kind bis zum Erwachsenen eingehen, damit sie sich im Ganzen ein Bild über die Hochsensibilität machen können.

Bei Kindern über die Zukunft informiert sind und richtig handeln können. Wie der Umgang in der Schule sein sollte, dem allmählichen Erwachsen werden, sowie der Entwicklung in beruflicher Hinsicht. Bei Erwachsenen können rückblickend Fragen beantwortet werden. Der Umgang im privaten und beruflichen Alltag, wie der sensible Darm mit der richtigen Ernährung unterstützt werden kann, als auch die Wichtigkeit der Meditation und energetischen Reinigung.

Das Leben mit HSP kann eine Herausforderung sein, muss aber nicht. Der richtige Ansatz zu finden, um besser zu leben, ist möglich.

Was ist Hochsensibilität aus der wissenschaftlichen Sicht

Bereits 1913 wurde der Begriff der Hochsensibilität durch den Psychologen C.G. Jung zum ersten Mal erwähnt und beschrieben. Jung hielt fest, dass es einige wenige Menschen gibt, die mit besonderer Sensibilität auf Reize aus ihrer Umwelt reagieren und diese mit größerer emotionaler Tiefe verarbeiten.

In den 1990er Jahren prägte die US-amerikanische Psychologin Elaine N. Aron den Begriff der Hochsensibilität. Aron benutzte den Begriff der Hochsensibilität im Zusammenhang mit der niedrigen, sensorischen Reizschwelle, welche zugleich zu einer sensitiveren Wahrnehmung führt aber auch zur leichten Übererregbarkeit. Hierbei spielen vier Indikatoren eine maßgebliche Rolle. Betroffene weisen eine niedrige, sensorische Reizschwelle auf und reagieren zum einen sehr stark und zum anderen sehr schnell auf verschiedene Reize. Zudem verarbeiten Betroffene die verschiedenen Reize tiefer, sodass zum Beispiel Emotionen länger nachschwingen. Aus diesen Gründen meiden Betroffene reizintensive Situationen.

Reizintensive Situationen sind beispielsweise intensive Geräusche, Gerüche, das Sonnenlicht, Kleidung, sowie jegliche Form von vielen Sinnesreizen die in Verbindung auftreten. Grund für das Meiden von reizintensiven Situationen ist, dass die Reizüberflutung das Gehirn überanstrengt und es dem Hochsensiblen einfach zu viel wird. Zu viel an verschiedenen Sinneseindrücken, zu viel an zu verarbeitenden Reizen. Durch dieses Zuviel an Sinnesreizen kommt es zudem zu hochemotionalen, inneren Erfahrungen, da diese intensiver wahrgenommen werden. Allerdings gilt dies für sämtliche Reize, es werden also sowohl positive als auch negative Reize besonders stark wahrgenommen.

Die Persönlichkeitsentwicklung eines hochsensiblen Menschen bedingt das äußere Erscheinungsbild, welches auf die zur Verfügung stehenden Ressourcen die innerhalb der Entwicklungsphasen zurückgeht. Hochsensible Menschen weisen eine höhere Verletzlichkeit für die Entwicklung von Krankheiten auf und sind gefährdeter für negative Reize bei entsprechend biographischer Vorbelastung. Die verstärkte Wahrnehmung äußerer Reize und die eventuell damit verbundene Überforderung oder Überwältigung, ist offenbar mit einer intensiveren, inneren Verarbeitung verbunden. Dies kann dazu führen, dass scheinbar unbedeutenden Ereignissen, Äußerungen oder Handlungen Anderer, eine große Bedeutung zugeschrieben wird. Kleinste soziale Reize werden dabei, je nach Attributionsmuster, von hochsensiblen Personen nach einem persönlichen Bezug oder subtilen negativen Implikationen untersucht und auf die eigene Person bezogen. Seitens der Gesellschaft stoßen die hochsensiblen Personen mit diesem Verhalten auf Unverständnis. Da die Empfindungen und Wahrnehmungen des Hochsensiblen für Andere nicht nachvollziehbar sind, wird dieses Verhalten oftmals als negativ bewertet und/oder mit einem geringen Selbstwertgefühl verglichen. Die Folge ist, dass Hochsensible von Ihrer persönlichen Charakterstruktur her oftmals als konfliktscheu, unzugänglich, aber auch als streitsüchtig oder jähzornig wahrgenommen werden. Hinzu kommt, dass die Teilnahme an größeren Gruppenaktivitäten oder Situationen in großen Menschenmengen für diese Menschen schwer auszuhalten sind und eine starke Belastung darstellen. Das Verhalten eines Hochsensiblen ist oftmals die Vermeidung, die Flucht oder das Anwenden von Ausreden, um derartigen Momenten aus dem Weg zu gehen. Diese Vermeidungsstrategien sehen in den Augen von Außenstehenden als Desinteresse, geringes soziales Interesse oder gar Arroganz aus, obwohl der wirkliche Grund ein anderweitiger ist. Zugleich ziehen Menschen mit hochsensibler Konstitution eine gute Einschätzbare und Vorhersehbare soziale Umgebung vor, denn dies vermittelt ihnen ein Gefühl von Sicherheit. Ein empathischer Umgang mit anderen Menschen, ist oftmals die große Stärke von hochsensiblen Menschen, während sie gleichzeitig ein sehr geringes Interesse an Wettbewerb oder aggressiver Selbstbehauptung aufweisen. Dies ist besonders dann von Nachteil, wenn sich eine relevante Wettbewerbssituation ergibt und sich die hochsensible Person auf Grund ihrer Konstitution mit den negativen Folgen abzufinden hat.

Die derzeitige Anamnese von Hochsensibilität wird, laut Dr. Dandra Konrad, Diplom-Psychologin und Expertin für Hochsensibilität an der Helmut-Schmidt-Universität in Hamburg, über die Selbstbeschreibung durch Fragebögen ermittelt. Diese Fragebögen haben ihren Ursprung bei Elaine Aron und sind ins Deutsche übersetzt worden. Es ist jedoch offensichtlich, dass diese Fragebögen nicht optimal sind, da zum Beispiel eine Angststörung einen ähnlich hohen Wert innerhalb des Fragebogens ergibt, wie das Phänomen der Hochsensibilität. Somit kann kein eindeutiger Rückschluss gegeben werden, welche Diagnose nun wirklich vorliegt. Hierzu gehören Aussagen wie: „Ich bin in ständiger Alarmbereitschaft, nehme Informationen stärker wahr und fühle mich irgendwann überreizt.", welche keine eindeutige Zuordnung zulassen. Entscheidend für eine Beurteilung des Zustandes einer solchen Anamnese ist jedoch, dass Hochsensibilität keine Erkrankung darstellt, im Gegensatz zur Angststörung.

Schätzungsweise 15-20% der Bevölkerung wären als hochsensibel einzustufen, und bis zu 30% laut neuesten Studien. Dies bedeutet, dass Hochsensibilität wohl relativ häufig aufzutreten scheint und daher nicht als seltenes Phänomen einzustufen ist. Einige Tests zeigen jedoch, dass die Vermutung hochsensibel zu sein, nicht immer zutreffend ist, obwohl dies die Auswertung der Fragebögen zeigt. Vielmehr scheint die Erklärung zu sein, dass sich die Umwelteinflüsse derart massiv verändert und in ihrer Komplexität zugenommen haben, dass sich der Mensch noch nicht angepasst hat und der Körper irgendwann dem Wahrnehmungssystem signalisiert, dass es jetzt überlastet ist, ohne dass sich eine Hochsensibilität dahinter verbirgt.

Untersuchungen der Persönlichkeitsmerkmale von hochsensiblen Menschen zeigen, dass sich hochsensible zum einen meist als sehr offen für neue Erfahrungen beschreiben, jedoch gleichzeitig angeben eher emotional instabil und introvertiert zu sein. In Bezug auf die Gewissenhaftigkeit und Verträglichkeit liegen sie jedoch im Durchschnitt. Es ist daher unwahrscheinlich, dass Hochsensibilität als ein Persönlichkeitsmerkmal zu deuten ist, da es sich eher um ein Temperament handelt. Zusammenfassen kann man dies damit, dass

Hochsensible eher dazu neigen abzuwägen und nicht temperamentvoll voranstürmen.

Die Diagnose hochsensibel zu sein, hat keinerlei Konsequenz, da Hochsensibilität nicht als Krankheitsbild zählt. Die betroffenen Personen können danach jedoch eventuell besser mit ihrer eigenen Situation umgehen. Es gibt zudem keine wissenschaftlich festgestellten Therapieformen oder Medikamente. Allein die Tatsache als Hochsensibel diagnostiziert worden zu sein, kann der betroffenen Person helfen zu verstehen, warum sie stärker auf bestimmte Reize reagiert. Dies kann sich zum Beispiel darin äußern, dass die betroffene Person lernt die Grenzen seines eigenen Körpers besser wahrzunehmen und entsprechend darauf zu reagieren, sodass es nicht zu einer Überreizung kommen kann. Dazu zählt auch, dass die Betroffenen entweder lernen reizintensive Situationen zu vermeiden oder sich entsprechend zurückzuziehen, wenn sie merken, dass es zu einer Überreizung kommen könnte. Um dies zu erlernen, helfen ausgebildeten Psychologen, welche sich als Therapeuten oder Coaches intensiv mit diesem Thema befassen.

Merkmale der Hochsensibilität

Nach E. Aron ergeben sich als Merkmale für hochsensible Personen folgende:

1. Eine ausgeprägte psychosoziale, subtile Wahrnehmung, was bedeutet, dass hochsensible Personen Reize, sozialer wie nicht-sozialer Art, stärker wahrnehmen und verarbeiten. Dies bedeutet auch, dass hochsensible Personen Stimmungen und soziale Reize stärker wahrnehmen und sich unter Umständen dadurch leichter beeinflussen lassen.

2. Eine detaillierte Wahrnehmung in Bezug auf alle Sinnesreize, welche deutlicher und differenzierter wahrgenommen und verarbeitet werden. Detailliertere Wahrnehmungen sind beispielsweise Musik, Stimmen, Dialekte, Kunst, Gerüche, Geschmäcke.

3. Ein sehr ausgeprägtes Langzeitgedächtnis bei dem sich die hochsensible Person detailliert an vermeintlich wenig wichtige Einzelheiten erinnert. Oftmals sind diese Erinnerungen mit emotionalen Empfindungen der Ereignisse verknüpft.

4. Eine starke Beeinflussung durch die Stimmung anderer Menschen, was zu den Schwierigkeiten führen kann, sich von den Gefühlswahrnehmungen und Gefühlsäußerungen anderer abzugrenzen. Diese sehr leichte psychosoziale Beeinflussbarkeit und die

Unfähigkeit sich dieser zu distanzieren, erhöht das Risiko der Entwicklung von psychischer Erkrankung wie z.B. Depressionen.

5. Ein strukturell entgegengesetzter Denkstil in größeren Zusammenhängen, welche oftmals mit Emotionen belegt sind, erschweren das Einnehmen einer rationalen Sichtweise oder die Entwicklung von rationalen Gedankengängen.

6. Eine stabile, zumeist komplexe Persönlichkeitsstruktur. Es kann jedoch im Leben eines Hochsensiblen, bedingt durch Biographie und psychosozialen Bedingungen, zur Störung seiner stabilen Persönlichkeit kommen, etwa als Folge einer psychischen Erkrankung wie z.B. Borderline Personality Disorder.

Im Gegensatz zur Überempfindlichkeit, bei der auf einen Reiz eine unverhältnismäßig heftige Reaktion folgt, treffen bei Hochsensiblen die Reize auf eine stark erhöhte Wahrnehmungsbandbreite. Beide Phänomene sind dadurch voneinander abgrenzbar. Zudem sind die von E. Aron beschriebenen Merkmale eindeutig positiver Natur und als Stärken gekennzeichnet. Jedoch muss bemerkt werden, dass auf Grund des geringen Forschungsstandes, verschiedene Verhaltenskomponenten im klinischen Kontext mit entsprechenden klinischen Bildern in Zusammenhang gebracht werden. Dies sind zum Beispiel Krankheitsbilder wie übermäßige Ängstlichkeit, Depressionen, Neurotizismus und geringe Intelligenz.

Neben diesen von E. Aaron festgestellten Merkmalen zählen zu den Merkmalen der Hochsensibilität vor allem körperliche Merkmale, denn hochsensible reagieren deutlich stärker auf Einflüsse von Dopamin-Agonisten, auf Drogen, auf gängige Rauschmittel wie Koffein, Nikotin und Alkohol, aber auch auf Medikamente und Chemikalien. Ebenso reagieren hochsensible stärker auf Inhaltsstoffe in Lebensmitteln wie Gluten, Milcheiweiß und die Verderblichkeit der Nahrungsmittel. Die Veränderungen durch die Alterung der Lebensmittel beispielsweise im Histamingehalt, Mykotoxine etc., führen zu Unverträglichkeiten und stellen einen zuzüglichen individuellen Stressfaktor dar. Zudem reagieren hochsensible stärker auf äußere Umwelteinflüsse wie Geräusche, Gerüche und psychisch belastende Umstände, etwa innere Konflikte und Konkurrenzsituationen, was zu Stresssituationen führt und die Sensitivierung aktiviert. Dies äußert sich beispielsweise auch durch Stress gegenüber dem Genuss von Nahrungs- und Genussmitteln, welche wiederum zu einer Minderung der Reizschwelle der Verdauung, speziell des Darms führt und Entzündungen begünstigt. Dies führt dazu, dass sich der Hochsensible in einer Spirale befindet, in der selbst kleinste Reize dazu führen können, dass Beschwerden auftreten. Aktuelle Forschungen auf diesem Gebiet scheinen zu belegen, dass der Grund dafür in einer stärkeren und länger anhaltenden Aktivierbarkeit des Dopamin-Systems zu suchen ist.

Was ist der Unterschied zu nicht Hochsensiblen

Ein typisches Unterscheidungsmerkmal zwischen Hochsensiblen und nicht Hochsensiblen ist, dass sich ein hochsensibler Mensch sehr schnell und oft überfordert fühlt, was sich auf alle Lebensbereiche erstreckt. Dies kann sein, dass er meint, andere hätten ein viel leichteres Leben, dass er sich anders fühlt und dass er schnell überreizt reagiert, da er besonders viel und intensiv wahrnimmt. Die Geräusche sind zu laut, die Gerüche sind zu stark, das Licht ist zu grell und die Stimmung anderer im Raum nimmt der Hochsensible besonders stark wahr. All dies und die Verquickung mit negativen Gefühlen wie dem Weltschmerz, oder einem überhandnehmen von Hungergefühlen die zur Unleidlichkeit ausarten, sind deutliche Merkmale eines Hochsensiblen. Auch die starke emotionale Verbunden- und Verwobenheit mit anderen Menschen und deren Befindlichkeit zählt als eine der Merkmale. Dabei sind Spontaneität und Veränderungen unerwünscht. Vielmehr verlangt der Hochsensible nach besonders viel Ruhe, vor allem beim Arbeiten, da Einflüsse von außen ein hohes Ablenkungsrisiko bergen. Alltägliche Dinge werden nur langsam verarbeitet, da der Hochsensible dafür besonders lange brauchen. Grund dafür sind die

Nachwirkung von Masseneinflüssen und deren Nachklang auf das Gemüt des Hochsensiblen.

Hochsensibel in der heutigen Zeit – die permanente Reizüberflutung

Was für einen normalen Menschen kein Problem zu sein scheint, kann für hochsensible Menschen zu einem Horrortrip werden. Alltagssituationen, denen sich ein hochsensibler Mensch aussetzen muss, erscheinen schier unerträglich. Ein Grund hierfür ist der Zustand permanenten Reizüberflutung, welcher schnell zu Stresssituationen führen kann.

Reizüberflutung ist derjenige Zustand, dem der Körper unwillkürlich ausgeliefert ist und der so viele Sinne und Reize gleichzeitig anspricht, dass sie von der betroffenen Person nicht mehr verarbeitet werden können und zu einer psychischen Überforderung führen. Hierbei sind alle Sinneseindrücke betroffen, können aber sowohl im Einzelnen als auch gemeinsam, für einen kurzen oder längeren Zeitraum, zur Überforderung führen. Überwiegend trifft dies in der heutigen Welt akustische und visuelle Reize, aber auch das Riechen, Schmecken und Tasten können davon betroffen sein.

Mögliche Auslöser für eine Reizüberflutung des Gehörs sind beispielsweise Lärm oder mehrere, gleichzeitig wirkende akustische Quellen; für die Augen können es eine Vielzahl von Farben, blinkende oder flackernde Lichter und schnelle Bewegungen sein; für den Geruchs- und Geschmackssinn kann bereits bei einem bunten

Essen eine Reizüberflutung auftreten, welche alle Geschmackssinne anspricht, sodass die Geschmacksrichtungen sauer, bitter, salzig, süß nicht einzeln wahrgenommen und zugeordnet werden können. Zudem können Drogen, Psychedelika und Dissoziativ diese Reizüberflutung künstlich hervorrufen.

In der Folge empfinden hochsensible Personen Stress, Hektik, schnelle Erschöpfungszustände und reagieren darauf teilweise mit Aggressivität. Andauernde Reizüberflutung kann anhaltende Konzentrationsschwierigkeiten, Realitätsverlust und/oder Hyperaktivität hervorrufen und wird als eine der möglichen Gründe für Lernschwächen angesehen. Die Verfügbarkeit des Internets, der anderen modernen Medien (Handy, PC etc.), sowie die üblichen modernen Lebensweisen bergen automatisch eine chronische Reizüberflutung, sodass diese bei vielen Personen zu entsprechenden, typischen Störungs- und Krankheitsbildern führen, unabhängig davon, ob eine Hochsensibilität vorliegt oder nicht.

Helfen kann in diesem Fall das schlanker machen des Tagesplans. Jedoch kann sich aus der permanenten Überreiztheit einer hochsensiblen Person eine Folgeerkrankung ergeben. Die gängigsten sind in diesem Zusammenhang Depressionen, Angststörungen oder somatoforme Störungen, welche einer psychotherapeutischen Betreuung auf längere Hinsicht bedürfen. Medikamentöse Therapien, welche auf Grund einer psychischen Erkrankung notwendig sind, erfordern einer guten Beratung und Beobachtung durch den behandelnden Arzt oder Psychologen, denn oftmals sind schon geringste Dosierungen, also geringere als bei einem normalen Patienten, stark wirksam.

Ratsam ist es, alle auftretenden Beschwerden ernst zu nehmen, jedoch plädieren einige Mediziner dafür, dass Toleranz, Anderssein, Vielfalt und Rücksichtnahme an der Tagesordnung sein sollten. Des Weiteren Mut zur Eigenverantwortung und ein, dem jeweiligen Typ angepasstes, Stressmanagement sind ratsam, unabhängig davon, ob es sich um einen hochsensiblen Menschen handelt oder nicht.

Worauf muss bei Kindern geachtet werden?

Bei hochsensiblen Babys ist auffallend, dass sie sehr Nähe bedürftig sind und sich überdurchschnittlich für ihre Umwelt interessieren. Beruhigend wirkt daher oftmals die körperliche Nähe zu den Bezugspersonen und eine reizarme, ruhige Umgebung, sodass es nicht zur Überforderung und dem damit verbundenen Geschrei führt. Wenn das Geschrei des überreizten Babys zeitversetzt zu den extremen Sinnesreizen erfolgt, sind die Eltern des Kindes oftmals erstaunt und können diese Ausbrüche nicht zuordnen, da nicht offensichtlich ist, dass ihm die Verarbeitung der vielen Eindrücke schwerfällt. Auffällige Wesensmerkmale bei größeren, hochsensiblen Kindern können Zurückgezogenheit oder Introvertiertheit sein mit einem eher träumerischen Wesen. Gleichzeitig sind hochsensible Kinder eher langsam und schnell gestresst. Sie neigen zu übermäßiger Phantasie, zum intensiven Denken und zur starken Empfindsamkeit oder Empfindlichkeit. Zudem sind sie oftmals Einzelgänger.

Besteht der Eindruck, ein Kind könnte hochsensibel sein, sollten Eltern darum bemüht sein, die Reize und den Tagesablauf zu minimieren, damit sich das Kind entsprechend wohler fühlt. Dazu gehört es auch, dass die Auswahl an Spielzeug in Maßen und geordnet zur

Verfügung gestellt wird. Der Konsum von Fernsehen, PC etc. sollte reduziert werden, ebenso wie andere Arten des Freizeitstresses. Die übermäßige Frühförderung kann ebenfalls zu einem Druckmoment für das Kind werden und sollte im Rahmen gehalten werden. Entspannend können Naturausflüge oder asiatische Sportarten mit der Konzentration auf das „innere Ich" (Judo, Karate, Taekwondo) sein, bei denen zugleich das Selbstvertrauen gestärkt wird. Für viele Eltern gilt es in diesem Zusammenhang zu akzeptieren, dass die Spontaneität in der Tagesgestaltung für hochsensible Kinder größtenteils entfallen muss, da sonst die Sicherheit einer Tagesstruktur fehlt. Festgelegte Regeln, Grenzen und Rituale können dabei helfen, dem Kind Sicherheit zu geben. Ebenso sind frühzeitiges Bekanntgeben von neuen Plänen oder Planänderungen eine relativ einfache Möglichkeit, dass sich das Kind mental darauf einstellen kann, ohne dass es sich sofort überfordert fühlt.

Eine Schwierigkeit für hochsensible Kinder ist es oftmals Kontakte zu anderen Kindern aufzunehmen, denn hochsensible Kinder beobachten lieber zuerst, bevor sie sich an einen Kontakt mit anderen wagen. Dies führt dazu, dass der Gruppenanschluss häufig schwerfällt, was sich beim Eintritt in den Kindergarten und bei der Einschulung bemerkbar macht. Die Eltern sollten daher darauf achten, dass ihr Kind genügend Rückzugsmöglichkeiten und Ruhepausen erhält.

Wenn ein Kind von seiner Familie nicht genügend Unterstützung in seiner Hochsensibilität erhält, kann es zu ständigen inneren Konflikten und dem Gefühl, sich unverstanden zu fühlen, kommen. Neben einer Beeinträchtigung der Stimmung, treten in diesem Zusammenhang oftmals erst körperliche Symptome ein wie etwa Kopfschmerzen, Verdauungsschwierigkeiten, Unverträglichkeiten, Allergien oder erste Neigungen zum Suchtverhalten. Ebenso förderlich sind eine ausgewogene, gesunde Ernährung, sowie viel Bewegung. Bei deutlichen Anzeichen von Reizüberflutung oder Überforderung, wie beispielsweise Weinen, sich Verstecken, übermäßiges Schwitzen oder Blässe, Aggressionen, Schwindel und Zittern, ist es für Eltern ratsam ihrem Kind nach Möglichkeit einen reizarmen Rückzugsort anzubieten. Dies kann eine Höhle im Kinderzimmer sein oder ein Ausflug in die Natur. Ebenso sollte körperliche Nähe geboten werden, wie das Kind in den Arm zu nehmen, es rhythmisch schaukeln und sanft dabei festzuhalten. Beruhigend kann auch eine sanfte Massage wirken, denn diese kann beruhigend auf das Nervensystem wirken und Überreizungen ausgleichen. Zu beachten ist jedoch immer die Reaktion des Kindes auf die angebotene Lösung, denn vielleicht ist es nicht das Richtige für den entsprechenden Moment.

Zudem ist es ratsam, dass sich betroffene Eltern professionelle Hilfe und Unterstützung hohlen, wenn sie den Eindruck haben, dass ihr Baby oder Kind hochsensibel sein könnte.

Die starke Inanspruchnahme durch die gesellschaftlichen Anforderungen an ihr Kind könnte zu Entwicklungsschwierigkeiten und Krankheiten führen, die sich durch professionelle, kinderpsychologische Hilfe verhindern lässt. Besonders ratsam ist dieser Schritt, wenn die Eltern selbst hochsensibel sind oder für das Verhalten Ihres Kindes ein unzureichendes Verständnis aufbringen können.

Wie ist der Umgang mit hochsensiblen Kindern?

Der Umgang mit hochsensiblen Kindern ist in jedem Fall eine Gratwanderung zwischen der Eindämmung von Reizüberflutung und dem früh möglichsten Kontakt mit anderen Menschen und fremden Situationen. Grundlegend ist es zu verstehen, dass speziell hochsensible Kinder ihr eigenes Tempo haben, sodass sie trotz ihrer sehr hohen und raschen Auffassungsgabe etwas mehr Zeit benötigen um Ihre Eindrücke und Erkenntnisse zu verarbeiten. Schon im Kindesalter besitzen hochsensible Kinder ein stark ausgeprägtes Langzeitgedächtnis. Ratsam ist es, dass die Eltern und Erzieher/innen das hochsensible Kind gut beobachten und lernen zu erkennen, in welchen Situationen die Reaktion des Kindes stark oder weniger stark ausfällt und ihr Verhalten entsprechend anpassen. Zielführend ist es, wenige Situationen mit starken Herausforderungen direkt aufeinander folgen zu lassen. Es sollten immer ausreichend Ruhezeiten und Rückzugsmöglichkeiten für das Kind zur Verfügung stehen, damit es von seinen Eindrücken und Gefühlen nicht überwältigt wird.

Einerseits sollten die Eltern Verständnis für ihr Kind und seine Situation aufbringen, andererseits auf Notwendigkeiten hinweisen und mit Erklärungen unterstützen, sodass eine Annäherung stattfinden kann. Grundsätzlich sollten die Bemühungen, das Kind an einen normalen Alltag zu gewöhnen, nicht nach den ersten paaren Versuchen aufgegeben werden, ohne jedoch negative Gefühle hervorzurufen. So ist beispielsweise der erste Kindergartenbesuch für viele hochsensible Kinder eine große Anstrengung und Herausforderung. Trotzdem sollten die Kinder lernen, sich an derartige Situationen zu gewöhnen. Zudem kann sich der Kindergarten, nach einer entsprechenden Eingewöhnung, zu einem schönen Aufenthaltsort entwickeln. Dazu ist es notwendig, dass auch unangenehme und anstrengende Situationen in Kauf genommen werden müssen und das Kind sich daran gewöhnt und lernt mit neuen Situationen umzugehen. Generell ist es wichtig, dass besonders in anstrengenden und unangenehmen Situationen und Momenten, Lob und Anerkennung ausgesprochen werden. Aufmunternde Worte können dem Kind helfen, die gerade durchlebte Zeit positiv abzuspeichern. Anstrengungen, auch misslungene oder teil-misslungene Anstrengungen sollten daher entsprechend gewürdigt werden und dem Kind Mut, für das nächste Mal, zugesprochen werden.

Ein wichtiger Punkt im Umgang mit hochsensiblen Babys ist das Entfernen von allen grellen sowie bunten Spielsachen und das Anbieten von einer möglichst ruhigen, stimulationsarmen Umgebung. Die Anzahl von Ausflügen und Unternehmungen sollte ebenfalls reduziert werden. Eine Vielzahl an direktem Körperkontakt, der Geborgenheit vermittelt, mit großer Ruhe, ohne Zeitdruck und mit sehr regelmäßigen Abläufen und Routinen fördern die Entwicklung des hochsensiblen Kindes sehr. Der Gesichtsausdruck und die Wortwahl sollten dem Baby gegenüber einem hohen Einfühlungsvermögen entgegenbringen und positive Gefühle und Signale setzen. Auch wenn alle Babys diese Zuwendung brauchen, so benötigen hochsensible Säuglinge und Kleinkinder diese umso mehr. Wenn das Kind schon etwas größer ist, sollte bei der Wahl der betreuenden Einrichtung (Kita, Kindergarten, Krippe, Tagespflege), besonders großen Wert auf die positive, ruhige, herzliche und wärmende Ausstrahlung der Einrichtung und seiner Umgebung wert gelegt werden. Gleiches gilt für den Umgang der Erzieher/innen mit dem Kind. Ein sich immer gleich abspielender Tagesablauf ist ideal, damit das Kind Sicherheit und Nähe aufbauen kann und sich gleichzeitig geborgen fühlt. Stimulationsarmut, geringe Herausforderungen und wenige neue Erlebnisse sind perfekt für ein hochsensibles Kind. Dem Kind sollte auf jeden Fall die notwendige Zeit gegeben werden, sich auf die neuen Umgebungssituationen einzustellen und ihm mit viel Geduld und Nachsicht hierbei zu unterstützen.

Wenn das hochsensible Kind bereits einen Teil seines Tages außerhalb des Hauses verbringt, sollte darauf geachtet werden, inwiefern es ein erhöhtes Bedürfnis hat, sich zu Hause auszuruhen. Allerdings sollte das Kind nicht vor jeglichen neuen Eindrücken und Herausforderungen abgeschirmt werden, sondern diesen in Maßen ausgesetzt werden, damit es sich weiter entwickeln kann. Jedoch ist es von Vorteil, wenn neue oder bereits eingeübte Aufgaben, sinnvoll und mitbedacht ausgewählt werden und dem Kind entsprechende Pausen zwischen den einzelnen Aufgaben gewährt werden. Ebenfalls ist es wichtig, als Ansprechpartner mit voller Aufmerksamkeit und ganz für das Kind da zu sein, damit sich Gehirn und soziale Fähigkeiten gut entwickeln können. Besonders ein hochsensibles Kind neigt dazu, dass es sich überflüssig und ungeliebt fühlt, wenn es nicht genügend Aufmerksamkeit bekommt, was zu lebenslangen Schäden führen kann. Daher ist es wichtig täglich Zeiträume einzuplanen, die ausschließlich mit dem Kind verbracht werden, beispielsweise mit gemeinsamen Spielen. Diese fördern auch die Vorstellungskraft und Kreativität und vermittelt dem Kind das Gefühl von Bedeutung im Leben von seinen Eltern und Ansprechpartnern zu sein. Somit ist das Kind in der Lage ein gesundes Selbstwertgefühl zu entwickeln, welches positiv und stärkend auch auf zukünftige Situationen wirken kann.

Stimmungsschwankungen werden von hochsensiblen Kindern häufig sehr stark wahrgenommen und führen zu innerem Druck. Es sollte daher darauf geachtete werden, eine liebevolle, entspannte Atmosphäre zu schaffen. Hilfreich kann in diesem Zusammenhang sein, wenn beide Elternteile sowohl Forderungen an das hochsensible Kind stellen, wie auch für angenehme, unbeschwerte und liebevolle Momente sorgen. Ebenso sollte nicht nur mit dem Kind, sondern auch mit anderen wie dem Partner und der restlichen Familie, liebevoll und respektvoll umgegangen werden. Aber auch gegenüber Fremden sollte nach Möglichkeit ein positiver Umgang gepflegt werden. Die gemeinsame Zeit, die das hochsensible Kind mit seiner Familie verbringt, sollte immer ausgewogen und mit Vorrang behandelt werden. Konkurrenzsituationen, besonders mit den eigenen Geschwistern, sollten vermieden werden, indem beispielsweise jedem Kind sein eigener Teil der Aufmerksamkeit zugestanden wird, aber es auch klar definierte gemeinschaftliche Zeiten gibt. Hilfreich kann es sein, wenn vonseiten der Eltern klar dazu aufgefordert wird, dass die Geschwister liebevoll miteinander umgehen und miteinander spielen sollen.

Hochsensible Kinder und Jugendliche in der Schule

Der Umgang von hochsensiblen Schülerinnen und Schülern sollte eine andere sein, als bei weniger empfindsamen. Dies bezieht sich zunächst vor allem auf die Akzeptanz ihrer Bedürfnisse, auch wenn diese im Unterrichtsverlauf zurückstehen müssen. Zu beachten ist in diesem Zusammenhang, dass Lehrer und Erzieher für die Entwicklung von hochsensiblen Kindern ausschlaggebend sein können, denn die Behandlung von diesem Personenkreis trägt dazu bei, dass ein hochsensibles Kind sich entweder in der Schule wohlfühlt oder ob es unter Überstimulation und dem damit verbundenen Stress leidet. Wichtig ist in diesem Zusammenhang, dass im Umgang mit hochsensiblen Kindern und Jugendlichen schnell Konfliktsituationen entstehen können, die durch Kompromisse gelöst werden können, denn einerseits sollen diese Kinder und Jugendlichen in ihren besonderen Bedürfnissen unterstützt werden, andererseits nicht abgestempelt werden. Gleichfalls gilt, dass sie weder überfordert noch an grundlegenden Erfahrungen gehindert werden sollten. Hieraus ergibt sich ein hin- und hergerissen sein zwischen Schutz und Anforderung.

Eine Möglichkeit ist es in diesem Zusammenhang Ruhepausen einzuführen, etwa als Arbeit im

Klassenzimmer während einer offiziellen Pause, die jedoch nicht mit deren Hochsensibilität begründet werden, sondern mit der jeweiligen Situation. Grundlegend ist jedoch beim Umgang mit hochsensiblen Kindern und Jugendlichen, deren Empfindung und dem damit verbundenen Bedürfnissen nachzugehen, ohne sie abzuwerten, denn dies würde das Gefühl der Andersartigkeit verstärken. Eine solche Abwertung oder Aburteilung kann dazu führen, dass die hochsensiblen Kinder oder Jugendlichen lernen ihre Bedürfnisse zu unterdrücken oder zu verdrängen, sodass ein beständiges Unwohlsein ihren Alltag begleitet. Dies darf jedoch nicht dazu genutzt werden, dass anstrengende Dinge mit Ausreden umgangen werden.

Grundlegend ist, dass im Umgang mit hochsensiblen Kindern und Jugendlichen ein gutes Einfühlungsvermögen aufgebracht wird. Bestimmte Verhaltensweisen sind jedoch gegenüber hochsensiblen Kindern und Jugendlichen Tabu, wie laute und aggressive Umgangsweisen, denn eine ernste Ermahnung ist im Regelfall völlig ausreichend. Es ist bekannt, dass hochsensible Personen, besonders heranwachsende, stets darauf bedacht sind, alles richtig zu machen und Kritik sehr ernst nehmen, sodass auch neutrale Anweisungen als Kritik oder Ablehnung verstanden werden können. Zudem verfügen hochsensible Kinder und Jugendliche über ein ausgeprägtes Gerechtigkeitsgefühl, sodass ungerechte Behandlungen oder Gruppenbestrafungen vermieden werden sollten.

Es ist immer bei der Beurteilung von Leistungen oder Verhaltensweisen von hochsensiblen Kindern und Jugendlichen zu beachten, dass das Erregungsniveau mit einbezogen wird. Allerdings sollten hochsensible Kinder und Jugendliche dazu erzogen werden, ihr eigenes Stimulationsniveau selbst zu beurteilen. Um mit diesem nicht alleine dazustehen, sollten den Kindern und Jugendlichen Verhaltensweisen und Strategien zum Abbau und Umgang mit Stresssituationen vermittelt werden, die ihnen zugleich für den späteren Lebensalltag notwendige Selbstständigkeit ermöglichen. Dies können beispielsweise Möglichkeiten zum Rückzug sein, wie den Klassenraum kurz verlassen zu dürfen.

Im Unterricht fallen hochsensible Schüler/innen selten auf und sind oft sehr ruhig. Ihre Antworten zu Fragestellungen sind oftmals tiefgründig und erstaunlich, denn sie durchdenken Dinge gründlicher und benötigen in Regel mehr Zeit. Dies führt aber auch zu merkwürdigen und ungewöhnlichen Gedanken, was von den zuständigen Lehrern und Erziehern entsprechend honoriert und gewertet werden muss und nicht als Unentschlossenheit oder Dummheit abgetan werden sollte. Da hochsensible Personen nicht zur Spontaneität neigen, sollten Kinder und Jugendliche im

Unterricht nicht unbedingt ohne Meldung drangenommen, oder gar vorgeführt werden, da eine Situation der Überforderung entstehen kann und sich infolgedessen Blockaden bilden können. Vielmehr empfiehlt es sich die Kinder und Jugendlichen dazu zu motivieren, sich von sich aus am Unterricht zu beteiligen und sie, auch wenn ein Beitrag ins Stocken kommt, zu ermuntern. Dies ist unerlässlich um eine, für den Hochsensiblen, gute Lernatmosphäre zu schaffen. Hemmungen, peinliche Situationen oder ähnliches gilt es dabei zu vermeiden und stattdessen eine gute Vertrauensbasis aufzubauen, sodass einem Rückzug und einer Verweigerung auf Grund von permanenter Übererregung entgegengewirkt wird.

Da die Merkfähigkeit von hochsensiblen Personen oftmals herausragend ist, können sich Schüler/innen den behandelten Unterrichtsstoff sehr gut merken, allerdings ist es dafür unerlässlich eine entsprechende Lernatmosphäre zu schaffen mit einem, dem hochsensiblen angemessenen, Erregungsniveau. Hierzu ist zu bemerken, dass ein leichtes Stressniveau, mit der Ausschüttung von geringen Mengen an Adrenalin besonders förderlich zu sein scheint, während übermäßiger Stress das Gedächtnis leiden lässt. Eine, für normale Personen als entspannte Unterrichtsatmosphäre wahrgenommen, kann für eine/n hochsensiblen Schüler/in bereits ein leichtes

Stressniveau bedeuten. Die schnelle Auffassungsgabe wird von Trappmann-Korr mit Hochbegabung in Verbindung gebracht, jedoch kann genau diese schnelle Auffassungsgabe zu Langweile führen. Zudem erfreuen sich hochsensible Kinder und Jugendliche an kreativen, abwechslungsreichen Stoffinhalten, wie sie in der darstellenden Kunst und beim kreativen Schreiben gefordert sind. Ebenso sind moralische und emotionale Themen der Entwicklung von hochsensiblen Kindern und Jugendlichen förderlich.

Allgemein gelten hochsensible Schüler/innen als oft sehr begabt, reflektierend und bringen ein hohes Einfühlungsvermögen mit. Welches ihnen erlaubt, sich in Prüfungssituationen im Vorhinein hinein zu fühlen und in einer Prüfung mit Leichtigkeit gute Ergebnisse erzielen. Allerdings ist es dafür notwendig, dass sie sich in der Prüfungssituation wohlfühlen und sich nicht selbst unter Druck setzen, weil sie sich beispielsweise unter Beobachtung fühlen. Die mit einer Prüfungssituation verknüpfte Nervosität verstärkt bei hochsensiblen Kindern und Jugendlichen die sensorische Empfindsamkeit, sodass eine Überregung in einer Prüfung zu Koordinations- und Konzentrationsschwäche führen kann. Zudem besitzen die meisten hochsensiblen einen Drang zum Perfektionismus, welcher sich besonders in Prüfungssituationen negativ auswirken kann. Eine Gewöhnung an diese Stresssituation kann einem hochsensiblen Kind oder Jugendlichen helfen, mit der Erregung in dieser Situation umzugehen.

Hochsensible Schüler/innen nehmen in Gemeinschaften, speziell im Klassenverband, verschiedene Positionen ein. Die Integration in einen Klassenverband kann oftmals Wochen oder Monate benötigen, da die hochsensiblen Schüler/innen erstmal beobachten und von der gesamten Situation überfordert sind. Hänseleien, tollpatschiges, seltsames Benehmen, sowie leichte Irritierbarkeit, mangelnde Schlagfertigkeit und mangelnde Spontaneität sind an der Tagesordnung. Notwendig ist hier eine Integrationsstütze, beispielsweise durch Kleingruppenarbeiten, sodass ein freieres Reden und besseres Kennenlernen möglich sind. Allerdings gibt es auch Einzelgänger unter den hochsensiblen Kindern und Jugendlichen, welche ihr Alleinsein, verbunden mit dem Bedürfnis nach Ruhe, genießen. Hochsensible Schüler/innen sind oftmals besonders einfühlsam und übernehmen gerne Verantwortung für sich und andere, sofern sie sich akzeptiert fühlen. Zudem kommt ihnen hierbei ihr starkes Gerechtigkeitsgefühl und ihr Bedürfnis nach Harmonie zu Hilfe.

Weiterhin sind hochsensible Schüler/innen besonders empfindsam auf ihre Lernumgebung, wie beispielsweise der Klassenraum und dessen Ausstattung, aber auch die

Lautstärke, Zugluft und Ordnung können erheblichen Einfluss auf die Lernfortschritte haben.

Hochsensible Kinder und Jugendliche – gilt dasselbe wie bei Erwachsenen?

Bereits im Kindesalter kann Hochsensibilität mit den gleichen Eigenschaften wie bei einem betroffenen Erwachsenen vorliegen. Jedoch kann diese Hochsensibilität bei Kindern mit negativen Folgen für das Kind verbunden sein, da es sich manchmal nicht gegen die äußeren Einflüsse wehren kann. Ebenso können aber auch positive Impulse vorliegen, sodass dem Kind kein Nach,- sondern ein Vorteil entsteht. In diesem Zusammenhang zeigt eine US-Studie aus dem Jahr 2019, dass Kinder mit der Anlage zur Hochsensibilität wesentlich häufiger Verhaltensprobleme, wie zum Beispiel Aufmerksamkeitsdefizit-/Hyperaktivitätsstörung (ADHS), aufweisen.

Dem gegenüber steht die, immer wiederkehrende, Diskussion über einen möglichen Zusammenhang mit Hochsensibilität und Hochbegabung. Dieser Zusammenhang kann jedoch nicht vorliegen, da die Hochsensibilität bei etwa 20% und die Hochbegabung lediglich bei 2% der Bevölkerung vorliegt.

Mutter eines hochsensiblen Kindes

Auch die Mutter eines hochsensiblen Kindes ist meist hochsensibel. Dies hat positive aber auch negative Aspekte. Typisch für hochsensible Mütter ist eine hohe Intensität der Emotionen wie die Verbundenheit zum Kind, sowie die starke Außenorientierung wie beispielsweise an den Bedürfnissen anderer. Dies führt zu einer Überstimulation und zu einem hohen Stresslevel, was zugleich irgendwann zu unhaltbaren Aggressionen führen kann. Sollte die Aggressivität bei dem Kind auftreten, müsste die Mutter wiederum großes Verständnis aufweisen und adäquate Umgangsformen anbieten.

Wichtig ist jedoch, dass die Mutter selbst auf sich achtet und lernt ihre eigenen Bedürfnisse zu kennen und zu stillen, eventuell sogar vor denen ihres Kindes, damit Aggressivität gegen das Kind oder andere, nicht aufkommen kann. Dadurch kann eine derart gestresste Mutter lernen entspannt mit ihrem Kind umzugehen, denn die Verschmelzung zwischen Ich und Du führt sonst unweigerlich zu kleinen Tragödien, denn das hochsensible Kind merkt unweigerlich, wie das Befinden der Mutter ist und verstärkt dies beispielsweise durch bewusst unkooperativen Verhalten. Wichtig ist für eine hochsensible Mutter zu lernen, dass sie selbst verantwortlich ist und die Verantwortung nicht unbewusst an das Kind abgeben kann. Das Hören auf die eigenen Gefühle, welche vielleicht vor der Geburt des Kindes zugunsten anderer, äußerer Einflüsse und Ansprüche, ignoriert oder nicht wahrgenommen wurden, spielt dabei eine elementare Rolle. Elementar sind auch die Bedürfnisse, um die es sich dabei handelt: Essen, Trinken, Schlafen, Ausruhen, welche genau dann zu kurz kommen, wenn ein Neugeborenes da ist. Wichtig ist es in diesem Zusammenhang, dass die belastete Mutter fremde Hilfe annimmt oder anfordert, auch wenn diese Hilfe sich nicht ausschließlich auf absolut notwendiges bezieht, sondern dem eigenen Wohlbefinden dient.

Hilfe hierfür bieten Coaches, die sich speziell mit dem Thema befassen und oftmals selbst betroffen sind. Eine hilfreiche Übung präventiv mit sich anbahnenden Stressfaktoren umzugehen ist die sogenannte Stressbilanz. Diese Übung besteht aus einer zweispaltigen Tabelle, welche in einen Stress und in eine Entspannungsseite aufgeteilt wird. Dies hilft Müttern sich dessen bewusst zu werden, was sie stresst und was sie vielleicht ändern sollten um ein entspannteres Leben führen zu können. Dabei sollte das Gefühl keine Zeit für die Entspannung zu haben, einer Priorität für die Entspannung weichen um den Teufelskreis auszuweichen. Entscheidend ist aber, dass es der betroffenen Mutter tatsächlich guttut und das

Entspannungsprogramm (Yoga, Meditation, etc.) zu keiner Pflicht wird, sondern tatsächlich eine Entspannung darstellt.

Leben mit Hochsensibilität

Um auf Grund des meist sehr hohen Stresspegels bei Hochsensiblen, einen guten Umgang mit sich selbst zu pflegen und Strategien zu entwickeln, um das Stressniveau zu senken, gibt es verschiedene Herangehensweisen. Diese wirken sich zum einen positiv auf das Selbstwertgefühl aus und zum anderen dienen sie Mittel, um einen angenehmeren Alltag als Hochsensibler zu erleben. Wichtig ist es hierbei zunächst herauszufinden, was überreizend auf die betroffene Person wirkt.

Störfaktoren der eigenen Ruhe, sollten durch Ruheinseln oder die Entwicklung der Fähigkeit sich selbst abgrenzen zu können, ausgeschaltet oder vermindert werden. Teil dessen ist es, sich im Nein-Sagen zu stärken, was Hochsensiblen oftmals schwerfällt. Sich auf sich selbst besinnen und Kraft in der Ruhe zu schöpfen, ist gleichfalls elementar. Ebenso wichtig kann es sein, mit dem Umfeld über ihre Hochsensibilität zu sprechen und im günstigsten Fall auf Verständnis zu stoßen und sich nicht mehr für ihr Verhalten rechtfertigen oder gar sich verstellen zu müssen. Eine Ruhe- und Rettungsinsel kann für Hochsensible die Achtsamkeit für sich selbst sein, denn Achtsamkeit kann dabei helfen, Situationen bewusster zu erleben oder wahrzunehmen, ohne dass eine Bewertung oder negative Gedankengänge stattfinden müssen. Aufmerksamkeit für sich selbst zu entwickeln bedeutet in diesem Zusammenhang lediglich, dass die Aufmerksamkeit auf dasjenige gerichtet wird, was gerade ist oder passiert, ohne dass Gedanken auf eventuell eintretende Geschehnisse gerichtet werden. Achtsamkeitsübungen können dabei helfen, immer wieder kehrende Verhaltensmuster, die als negativ erachtet werden zu durchbrechen und zu ändern.

Um nicht völlig in Einsamkeit zu versinken, sollten hochsensible Personen sich regelmäßig in Situationen üben, die ihnen zwar auf der einen Seite erschöpfende Zustände garantieren, da sie sich der völligen Reizüberflutung aussetzen, andererseits aber einen Zugewinn an sozialen Kontakten und schönen Erlebnissen ermöglichen. Wenn sich eine hochsensible Person auf solche Abenteuer einlässt, kann ein dabei stets tröstlicher Gedanke sein, dass immer die Möglichkeit besteht, die Situation für einen Moment oder eventuell sogar vollkommen, zu verlassen. Ein solches Vorgehen ist eine gute Übung und steigert dauerhaft das Selbstwertgefühl. Auch die Eigeninterpretation, dass der Hochsensible im Grunde normal ist, kann eine hilfreiche Herangehensweise sein. Die feine Wahrnehmung mit einer Wertung als Vorteil oder Nachteil zu betrachten, ist oft hinderlicher, als sich lediglich damit zu beschäftigen, mit seinen Möglichkeiten und Kräften zu haushalten. Dazu gehört es die eigenen Grenzen zu kennen, aber auch Kompromisse zu finden, welche ein reguläres Zusammenleben in Gemeinschaft mit nicht-hochsensiblen oder mit hochsensiblen Personen ermöglicht und das Leben bereichert.

Ferner sollten hochsensible Personen ihre Hochsensibilität schätzen lernen und sich klarmachen, welche positiven Aspekte mit dieser Eigenschaft verbunden sind, die sie einzigartig machen.

Um dem Alltag und der Überforderung durch die Vielzahl an Sinneseindrücken Luft und Raum zu verschaffen, sowie um sich eine ganz persönliche Ruheinsel zu schaffen, kann die Hinwendung und Beschäftigung mit kreativen Aktivitäten helfen. Ob die Vorliebe des Hochsensiblen dabei dem Schreiben, Musizieren, Malen oder der darstellenden Kunst zufällt ist demjenigen selbst überlassen. Wichtig ist es, hierbei eine großartige Möglichkeit zu schaffen, um zur Ruhe kommen zu können.

Die 5 Sinne und wie wirken sie bei Hochsensiblen

Es ist zu beachten, dass hochsensible Menschen zwar die Gemeinsamkeit der Hochsensibilität haben, aber sich in ihrer Sensitivität unterscheiden können, denn ihre Sensibilität kann unterschiedlich gelagert sein. So wird unterschieden zwischen sensorisch, emotional und kognitiv sensiblen Menschen.

Sensorisch sensible Menschen haben eine äußerst feine Wahrnehmung von Geräuschen, Gerüchen, Licht und Farben. Oftmals liegt eine Begabung im Bereich des musischen, künstlerischen oder ästhetischen vor. Allerdings sind hochsensible Menschen besonders in diesen Bereichen schnell mit ihren Sinneswahrnehmungen überlastet. Hingegen sind emotional sensible Menschen mit ihrem feinen Gespür für zwischenmenschliche Belange besonders gute Zuhörer, empathisch, hilfsbereit, mitfühlend und mit hoher Intuition ausgestattet. Emotional sensible Menschen fühlen sich von all dem, was sie im Zwischenmenschlichen wahrnehmen schnell überlastet und reagieren auf Unausgesprochenes besonders stark. Demgegenüber sind kognitiv sensible Menschen mit einem stark logischen Gefühl für richtig und falsch ausgestattet und denken in großen, komplexen Zusammenhängen. Ihre Begabung liegt oft im wissenschaftlichen oder technischem. Allerdings erschwert dieses komplexe Denken häufig die Alltagskommunikation.

Ein Sinn, bezeichnet die physiologische Wahrnehmung mithilfe der Sinnesorgane. Die fünf Sinne werden bezeichnet als:

1. Hören durch die Ohren = auditive Wahrnehmung
2. Riechen mit der Nase = olfaktorische Wahrnehmung
3. Schmecken mit der Zunge = gustatorische Wahrnehmung
4. Sehen mit den Augen = visuelle Wahrnehmung
5. Tasten mit der Haut = taktile Wahrnehmung

Es ergeben sich in der modernen Physiologie noch vier weitere Sinne:

1. Temperatursinn oder Wärmeempfinden = Thermorezeption
2. Schmerzempfinden = Nozizeption
3. Vestibuläre Wahrnehmung = Gleichgewichtssinn
4. Körperempfinden = Tiefensensibilität mit:
   a. Lage- und Bewegungssinn = Propriozeption
   b. Organsinne = Viszero- oder Enterozeption (z.B. Hunger, Durst, Harndrang)

Nachdem der Anthroposophen Rudolf Steiner, der 1916 seine Sinneslehre publizierte, kommen jedoch noch der Lebens- und Vitalsinn, der Sprach- und Wortsinn, der Gedankensinn und der Ich-Du-Sinn (Empathie) hinzu.

Nach Steiner ist der Lebenssinn das vegetative Nervensystem, welcher auch unter dem Begriff Organsinn, d.h. Viszeozeption aufgezählt wurde. Es beinhaltet das Gefühl über den Zustand des gesamten Organismus. Dies lässt sich ausweiten auf das Unterstützen eines Harmonie- und Behaglichkeitsgefühls. Der Gedanken- oder auch Begriffssinn ermöglicht es einem Menschen die Gedanken anderer wahrzunehmen, indem die übermittelten Worte, Gesten, Mimik und Körperhaltung in einen Sinnzusammenhang gebracht werden. Der Gedankensinn hat viel mit Empathie zu tun, denn je feinfühliger ein Mensch ist, umso besser ist er dazu in der Lage die Gedanken und Gefühle anderer Menschen nachzufühlen. Der Ich-Sinn bildet durch die Tast- und Berührungswahrnehmung die Grenze des eigenen Körpers zur Wahrnehmung des Gegenübers, der jeweilige auch ein Ich bildet und vom eigenen Ich abgegrenzt ist. Die Empathie wiederum ermöglicht aus der gesamten Erscheinung des anderen Ichs ein Ich mit Gedanken, Gefühlen und Handlungen zu konstruieren. Das eigene Selbstbewusstsein, die Wahrnehmung des eigenen Ichs als solches, ist letztlich die Grundlage um das andere Ich als solches wahrnehmen zu können. Bei hochsensiblen Menschen sind die sogenannten oberen Sinne, welche auf die Handlungen anderer Menschen ausgerichtet sind d.h. der Hörsinn, der Sprach- und

Wortsinn, der Gedankensinn und der Ich-Du-Sinn, besonders fein gestimmt.

Gesundheit

Hochsensibilität ist keine Krankheit, zieht aber auf Grund der Anfälligkeit der betroffenen Personen oftmals Krankheiten wie Depressionen oder Angststörungen nach sich. Zudem können hochsensible Menschen durch ihre ständige Überreizung somatoforme Störungen entwickeln. Somatoforme Störungen sind körperliche Beschwerden, die keine nachweislich organische Ursache haben.

Ebenso kann Hochsensibilität als Risikofaktoren für berufliche Gratifikationskrisen gelten und beeinflusst unter Umständen erheblich deren Entstehung. Diese Risikofaktoren sind in engem Bezug mit bestimmten Verhaltensmerkmalen und der Lebensführung einer Person zu sehen. In diesem Zusammenhang ist es wichtig zu wissen, dass Personen mit Hochsensibilität durch dieses Persönlichkeitsmerkmal unbewusst ihr Verhalten steuern. Da Hochsensibilität sich als temperamentvolles Merkmal unterschiedlich äußert, kann keine Generalisierung der letztlich individuellen Risikokonstellationen vorgenommen werden. Jedoch können die beschleunigten Informations- und Kommunikationsbedingungen und die sich immer stärker abzeichnende Mobilität als Risikofaktoren betrachtet werden. Zudem stellt der Stresslevel, einen weiteren Risikofaktor dar, vor allem, wenn sich dieser chronische Stress in einem Burn-out ausweitet. Weitere wichtige Faktoren im Berufsleben, wenn es um psychosoziale Merkmale der mentalen Gesundheit und des psychischen Wohlbefindens geht, sind Anerkennung und Wertschätzung die eine hochsensible Person erfährt. Um dem dauerhaften Stress, dem hochsensible Personen ausgesetzt sind, ein gutes Pendant im Alltag zu geben, empfiehlt es sich gezielt Bewegung und Sport einzuflechten. Besonders bei einer sitzenden Tätigkeit werden durch Bewegung Stresshormone abgebaut und der Körper fit gehalten. Empfehlenswert ist es regelmäßige Pausen während der Arbeitszeit einzulegen und nach Möglichkeit etwas zu entspannen. Pausen sollten sich nach den eigenen Grenzen richten und besonders dann in Anspruch genommen werden, wenn diese Grenzen erreicht sind. Zudem sollten die eigenen Grenzen selbstbewusst durchgesetzt werden. Das Setzen von Prioritäten und das systematische Abarbeiten von Erledigungen sind hierbei elementar. Lärm sollte besonders in den Pausenzeiten abgestellt werden, sofern er nicht komplett vermeidbar ist.

Ein grundlegender Faktor um die psychische Gesundheit zu erhalten, ist das Stärken des Selbstbewusstseins, sowohl am als auch für den Arbeitsplatz, wie auch im privaten Bereich. Dazu gehört es die Grenzen zu anderen deutlich zu ziehen und „Nein" sagen zu können. Dies bedeutet aber auch, gegebenenfalls um Verständnis für die eigene Person zu werben. Generell ist es empfehlenswert neben dem Beruf und dem Familien-/Sozialleben entsprechend ausgleichenden Freizeitbeschäftigungen nachzugehen. Wichtig ist hierbei, dass diese Beschäftigung Abwechslung verschafft und die geistige Nachbereitung von vergangenen Situationen unterbleibt. Das Zauberwort ist hier vor allem Aktivität, statt passive Berieselung durch TV/PC etc., denn nur in der Aktivität können die Stresshormone abgebaut werden, die sonst zu Erschöpfungszuständen, Verspannungen oder Schlafproblemen führen können. Hilfreich kann es sein gängige Entspannungsverfahren zu betreiben, wie autogenes Training, Yoga oder progressive Muskelentspannung.

Besonderheiten im Beruf

Es ist im Zusammenhang mit den unter „Gesundheit" beschriebenen Risikofaktoren für berufliche Gratifikationskrisen darauf hinzuweisen, dass die sogenannte Erwerbsarbeit im Leben eines Menschen heutzutage einen zum Teil bestimmenden Stellenwert einnimmt, da für gewöhnlich die Definition des Selbst und das Identitätsgefühl darüber entwickelt wird. Hierdurch ist die Anerkennung im beruflichen Zusammenhang oftmals rein monetär und bringt neben dem sozialen Status die damit verbundenen finanziellen Möglichkeiten und Arbeitsplatzsicherheit mit sich. Eine Anerkennungskrise, welche trotz aller Möglichkeiten der Existenzsicherung auftaucht, hat meist ihre Ursache im nicht-materiellen Aspekt der Wertschätzung, wie etwa Respekt, Gleichberechtigung, Wertschätzung von und gegenüber anderen Personen. Für hochsensible Personen haben die genannten nicht-materiellen Aspekte der beruflichen Wertschätzung oftmals einen höheren Wert als die Höhe des Einkommens.

Ein Merkmal hochsensibler Erwerbstätiger ist eine hohe Leistungsmotivation und hohe Neigung zur Verausgabung, so dass sich in dieser Beschäftigungsgruppe grundsätzlich ein hoher Arbeitsstresslevel abzeichnet. Ungünstig wirkt sich in diesem Zusammenhang für einen hochsensiblen

Betroffenen aus, dass sie auch trotz starken physisch und/oder psychisch belastenden Arbeitsbedingungen, in ihrem beruflichen Vertragsverhältnis bleiben. Ein Grund hierfür ist oftmals die Angst im Anschluss keinen adäquaten Arbeitsplatz finden zu können oder die Arbeitssuche selbst. Weitere Gründe sind eine zu hohe Loyalität und die Hoffnung für die eigenen Leistungen irgendwann einmal Wertschätzung zu erfahren.

Zusammengefasst können die typischen Risikofaktoren hochsensibler Erwerbstätiger, als emotional negative Zustände wie Angst und Unsicherheit, soziale Konflikte im Familien- oder Kollegenkreis und sozialer Druck durch zu großer Loyalität.

Hochsensible Personen erreichen im Regelfall erst im Erwachsenenalter ihren Berufswunsch und sehr oft gelingt dies erst nach mehreren Ausbildungen. Ein Grund ist oft das breit gefächerte Interessensgebiet der hochsensiblen Person. Trotz ihrer bereits bestehenden Erwerbstätigkeit suchen hochsensible weiter nach einer für sie bedeutungsvollen Tätigkeit. Auffällig ist, dass hochsensible häufig eine Arbeit verrichten, für die sie überqualifiziert sind, was sich durch ihr geringes Selbstvertrauen erklären lässt. Berufsfelder wie Sozial- und Pflegeberufe oder kreative Berufe sind ein typisches Berufsbild für Hochsensible, wobei Berufe wie Wissenschaftler, Psychologe, Sozialarbeiter, Lehrer und

Programmierer eine besondere Häufigkeit aufweisen. Einerseits reagieren hochsensible Berufstätige auf Kritik oder auf einstürmende negative Emotionen besonders stark, andererseits können sie durch eine oftmals hohe Sozialkompetenz und Konflikt- und Problemlösefähigkeit, Konfliktsituationen eindämmen. Hieraus ergibt sich die besondere Eignung hochsensibler Personen für beratende Berufe.

Weitere Eigenschaften sind ihr stark ausgeprägter Gerechtigkeitssinn, ihre starke Intuition und ein starkes Harmoniebedürfnis. Daher können Wettbewerbs- oder Konkurrenzsituationen hohen Druck auf die hochsensible Person ausüben, zumal die Fähigkeit sich abzugrenzen oftmals fehlt, was sich in Bezug auf Konflikte in einem Rückzugsverhalten äußert. Da hochsensible Menschen zudem über ausgeprägte Bewältigungsstrategien verfügen, die ihnen einen Umgang mit wiederkehrenden, belastenden Situationen erlauben, wird im Zusammenhang mit Hochsensibilität die Resilienz, also die psychische Widerstandskraft, als mögliche Ressource vermutet. Die psychische Widerstandsfähigkeit von hochsensiblen Personen scheint den Ausprägungen der Resilienz in mehreren Punkten zu entsprechen, wie die Offenheit, Extraversion und Gewissenhaftigkeit.

Der Umgang im Alltag

Alltägliche, soziale Situationen und gesellschaftliche Ereignisse stellen manchmal eine große Herausforderung, weil das Filtern der einzelnen Ereignisse schwer oder gar nicht möglich ist und wahre emotionale Wellen über den Betroffenen hereinbrechen. Eine Rolle spielt nicht nur das unmittelbar und direkt wahrgenommene, sondern auch die Emotionen des Gegenübers. Dies erlaubt es dem hochsensiblen sich sehr schnell in andere Menschen, ihre Probleme und Situationsbedingten Befindlichkeiten hineinzuversetzen, führt aber auch dazu, dass hochsensible dazu neigen, sich um andere Menschen zu kümmern - gewollt und ungewollt, was sich wiederum zu einer hohen Belastung auswirken kann, wenn die Probleme anderer zu den eigenen gemacht werden. Dies hat nicht nur etwas mit dem eigenen Bedürfnis nach Ablenkung von den eigenen Befindlichkeiten und sich durch das Helfen als Wertvoll zu erachten zu tun, sondern ist in Verbindung mit dem hohen Harmoniebedürfnis von Hochsensiblen eine oftmals angewandte Strategie um die eigenen Befindlichkeiten gar nicht wahrnehmen zu müssen. Ein wichtiger Punkt ist hier zu lernen auf sich selbst zu achten und einen Umgang mit sich selbst zu pflegen, der seine Grenzen nach Außen deutlich zieht und für entsprechende Rückzugsmöglichkeit und Auszeit sorgt.

Ein weiterer Aspekt im Alltag ist eine oft unerträgliche Monotonie. Ein Mittel gegen beständige Monotonie ist die Selbstständigkeit, denn diese erlaubt es, sich die Arbeit selbst einzuteilen und für entsprechende Abwechslung zu sorgen, beispielsweise durch einen regelmäßigen Wechsel des Aufgabengebietes, welches gerade abzuarbeiten ist. Auch die permanente und intensive Auseinandersetzung mit einzelnen Themen, besonders mit der eigenen Hochsensibilität, kann auf Dauer verstärkend wirken, sodass kein normales Leben mehr möglich zu sein scheint. Abhilfe schafft hier das Beschäftigen mit anderen Themen, mit anderen Dingen, Abstand zu nehmen und vielleicht einfach mal im wahrsten Sinne des Wortes hinauszugehen und beispielsweise spazieren zu gehen. Etwas anderes von der Welt zu sehen, ohne Überforderung.

Was kann man dagegen tun / was schafft Linderung?

Ungesund ist es, nicht auf seine eigenen Bedürfnisse Rücksicht zu nehmen und sich auf Dauer etwas selbst abzuverlangen, was die eigenen Bedürfnisse untergräbt. Hilfreich sein kann ein geordnetes und gezielt aufbereitetes Morgenritual, statt einem morgendlichen Chaos. Dazu gehört ein ruhiges und entspanntes Aufwachen, ebenso wie ein ruhiges Frühstück, ohne dass gleich die ersten Aufgaben anstehen und Hals über Kopf der neue Tag beginnt. Auch eventuell am Morgen störende Geräusche und andere Störquellen sollten ausgeschaltet bleiben, wenn der neue Tag eingeleitet wird, denn schon am Morgen droht eine beginnende Reizüberflutung. Hier spielt eine gute Achtsamkeit sich selbst gegenüber einer wichtigen Rolle und ermöglicht es, entspannt und angenehm durch den Tag zu kommen. Im Hier und Jetzt zu sein, Wertungen außen vorzulassen, unwichtiges und andere an sich selbst vorbeiziehen zu lassen, Interpretationen und Versuche alles einordnen zu müssen sein zu lassen, kann eine gute Grundlage sein um sich einer Reizüberflutung zu entziehen. Der Blick auf sich Selbst und eine entsprechende Innenschau, mit dem Nachfragen wie die Befindlichkeit gerade ist, einer Bestandsaufnahme der Gefühlslage und der Erwartungen für den beginnenden Tag, können hilfreich sein, den Tag langsam und entspannt anzugehen. Das Bewusste einhalten und nehmen von kleinen Pausen, in denen sich der hochsensible Mensch zurückzieht und für sich ist, sollte ein regelmäßiges Ritual sein, in dem neue Kraft geschöpft wird und einen hohen Entspannungswert mit sich bringen. Ein Dauersprint, Hektik, Stress und Stressauslöser sind für den Hochsensiblen quasi pures Gift, wenn es um das Wohlfühlen geht. Eine Reduzierung der Arbeitszeiten, oder andere Möglichkeiten der Entlastung sollten an- und wahrgenommen werden.

Zum Wohlfühlen gehören auch regelmäßige Mahlzeiten, welche in Ruhe und mit Genuss eingenommen werden sollten. Diese Mahlzeiten dienen neben der Nahrungsaufnahme, dem Finden von Ruhe und dem Auffüllen der Energiespeicher. Zudem können die Mahlzeiten ein Teil der Geselligkeit sein, ohne das großartige Verpflichtungen damit einhergehen, oder Besprechungen stattfinden müssen. Hierbei kann es hilfreich sein, gezielte Verabredungen beispielsweise zur Mittagspause in der Firma oder im Unternehmen zu treffen, ohne die Verpflichtung einzugehen, gleichzeitig mit dem Essen das soziale Netzwerk oder die firmeninternen Kontakte und ähnliches pflegen zu müssen. Zudem muss die Mittagspause nicht unbedingt mit einer großen Schar an Personen verbracht werden. Eine weitere Person, mit der der Hochsensible ein gutes

Verhältnis hat, genügt völlig. Ein kleiner Spaziergang, etwas Bewegung an der frischen Luft baut Stress ab und kann ebenfalls zur Auflockerung des Alltags und des Arbeitsalltags beitragen.

Ebenso gilt es am Arbeitsplatz den Fokus auf das Wichtige zu legen, nicht unbedingt auf Perfektion, denn Überfliegerleistungen sind selten das, was am Arbeitsplatz von Kollegen und Vorgesetzten erwartet wird. Anzeichen von Müdigkeit sind ein Signal des Körpers, dass der Körper eine Pause braucht und nicht zwangsläufig etwas zu essen. Auch wenn das Verlangen nach Süßigkeiten aufkommt, sollte eine sinnvolle Ernährung im Vordergrund stehen, sodass Obst, Nüsse, Saaten eher zu bevorzugen sind, als Produkte mit Industriezucker oder entsprechenden Zuckerersatzstoffen. Am Ende eines Arbeitstages sollte kurz innegehalten werden und resümiert werden, was alles erledigt worden ist und welche Aufgaben für den nächsten Arbeitstag übrigbleiben. Dies hilft, um sich seiner eigenen Arbeitsleistung bewusst zu werden, und bringt eine klare Zielsetzung für den nächsten Tag mit sich. Zudem sollte beim Resümieren über den gerade bewältigten Arbeitstag auch Lob und Anerkennung mitschwingen, dass beispielsweise Ziele erreicht wurden, dass die Arbeit gute Fortschritte gemacht hat etc.

Nach der Arbeit empfiehlt sich ein kleiner Spaziergang. Dies kann der Gang durch einen nahen gelegenen Park sein, der Weg zu Bus oder Bahn, oder auch der Weg nach Hause. Der Weg nach Hause muss nicht unbedingt mit den zur Verfügung stehenden Verkehrsmitteln von Haustür zu Haustür zurückgelegt werden, ein Teil der Strecke kann zu Fuß oder mit dem Fahrrad bewältigt werden, indem man beispielsweise eine Station oder ein paar Stationen früher aussteigt. Für die Familie gilt, dass weniger manchmal mehr sein kann. Entspannte aber effektiv genutzte Zeit, die nur für die Familie, den Partner und die Kinder da ist, kann wesentlich qualitätvoller sein, als ein hektisch, gestresstes längeres Zeitfenster. Denn die Zeiten für Rückzug und Verarbeitung der Reize des Alltags sind nicht immer mit der Familie vereinbar, sondern oftmals notwendig um im Anschluss für die Familie wirklich da sein zu können. Dem entgegen kommt, dass die Kinder von hochsensiblen Personen oftmals auch zur Hochsensibilität neigen und daher auch von Pause- und Ruhezeiten profitieren oder diese sogar aktiv einfordern.

Eine angepasste Ernährung und warum ist sie so wichtig?

Ein wichtiges und den Alltag permanent begleitendes Thema ist das Thema Ernährung. Die ständig anhaltende Sensitivierung führt unweigerlich zu einem hochsensiblen Darm mit all seinen Folgen für die Gesundheit, oftmals einhergehend mit Entzündungsreaktionen. Daher muss die Nahrung sorgsam ausgewählt werden. Punkte wie die Qualität in Erzeugung und Verarbeitung und eine nachvollziehbare Herkunft, vereint mit einer möglichst hohen Frische sind hierbei die absolute Grundlage. Eine gute Möglichkeit um die Qualität der Produkte zu gewährleisten ist der Rückgriff auf Bio-Produkte oder eine gleichwertige Qualität, z.B. durch den eigenen Anbau von Obst und Gemüse, durch den Kauf vom Bauern oder Erzeuger direkt aus der Region, wenn auch ohne Zertifizierung. Von sogenannten küchenfertigen Produkten oder gar vom Genuss von Fertigprodukten, ist in diesem Zusammenhang stark abzuraten.

Zudem profitieren Hochsensible zumeist von einer milcheiweiß- und glutenfreien Kost, denn auch wenn keine Allergien, Intoleranzen oder Autoimmunerkrankungen bestehen, berichten Betroffene oftmals von einer Verbesserung ihrer

Lebensqualität. Empfehlenswert ist in diesem Zusammenhang ein gut strukturierter und gut dokumentierter Selbstversuch in Form der Nahrungsveränderung. Dieses Ausprobieren der Kostveränderung sollte durch ein Ernährungstagebuch dokumentiert werden, dass auch die jeweiligen Veränderungen und Befindlichkeiten genau festhält, sodass gute Rückschlüsse möglich sind, welche Kost tatsächlich von Vorteil ist. Klassische Unverträglichkeiten, wie gegen Fruktose, Histamin, Sorbit und Tyramin, können von vorübergehender Dauer sein und durch eine Ernährungsumstellung entweder verringert oder sogar vollkommen verschwinden. Chronische Schmerzen wie Migräne, das prämenstruelle Syndrom oder Fibromyalgie können ebenso reduziert werden und führen zu einer guten Entlastung des Körpers.

Lebensmittel wie Koffein und Alkohol erzielen bei hochsensiblen Personen oftmals stärkere Wirkung, als bei nicht hochsensiblen. Im Falle von Kaffee oder dem Genuss koffeinhaltiger Getränke führt dies zum allbekannten Zittern, zu Nervosität und eventuell zu Darmbeschwerden von undefinierbaren Bauchschmerzen über Durchfall bis hin zum Reizdarm. Die von hochsensibler benötigter erdender Wirkung von Lebensmitteln, können diese in erdverwurzelten Gemüsen wie Wurzelgemüse finden, ebenso in

Kartoffeln, aber auch in Getreide zum Beispiel in Form von Getreidebreien, welche am besten frisch gemahlen serviert werden, oder auch in Fleisch, welches Bio sein sollte, denn hochsensible neigen dazu auf die von den Tieren produzierte Stresshormone zu reagieren. Warmen Speisen sollten hochsensible ihren Vorzug schenken, denn diese gelten als umhüllend und schützend, ebenso wie der Genuss von warmen Getränken, wie Beispielsweise Tee.

Beliebt in diesem Zusammenhang sind alternative Ernährungsweisen, wie beispielsweise eine vegetarische oder vegane, was von Betroffenen oftmals mit dem Bericht zusammengefasst wird, man fühle sich damit einfach besser. Vom Genuss nahrhafter Hausmannskost mit einem hohen Fleisch- und Fettanteil wird abgeraten, vielmehr sollten Hochsensible eine leichte und stark gemüsebetonte Küche bevorzugen. Ein großer Nachteil der Herausbildung einer gesunden Ernährungsweise bei Hochsensiblen ist die oft bestehende Unverträglichkeit, das Vorhandensein von Allergien und die persönlichen Abneigungen gegen bestimmte Lebensmittel, welche die Wahl der Nahrung stark einschränken. Es kann daher zu Mangelernährung kommen, ohne dass dies beabsichtigt ist, denn der hohe Bedarf an Mineralien und Vitaminen, der besonders bei Hochsensiblen gegeben ist, kann nicht gedeckt werden. Problematisch ist hierbei oftmals, dass die Kochkunst oder die Küchenfertigkeit der

Betroffenen, etwas schwach ist, so dass es fast unmöglich ist unter Beachtung der vielen Einschränkungen und Besonderheiten, hoch- und vollwertige Mahlzeiten zuzubereiten, ohne die Vielzahl an Gerichten stark einzuschränken.

Abhilfe kann das Einholen von fachkundiger Hilfe schaffen. Empfehlenswert ist es sich an einen zertifizierten Ernährungsberater oder einen Ernährungswissenschaftler zu wenden und sich beraten zu lassen, denn eine umfassende, gesunde Ernährung sollte die tatsächlichen, körperlichen Bedürfnisse abdecken, wie die ausreichende Versorgung mit Vitalstoffen, aber auch der sinnliche Genuss, welcher gerade bei Hochsensiblen ein entscheidender Faktor ist. Es heißt im Volksmund nicht umsonst, dass wer nicht genießt, ungenießbar wird. Auf Dauer wird gerade ein Hochsensibler, der sich mit einer gewissen Spontaneität ohnehin schwertut, nur das an Ernährung zulassen, was er gerne mag und ihm gut bekommt. Beachtenswert in diesem Zusammenhang ist der Einbezug von einem teilweise erhöhten Vitamin-, Mineralstoff- und Aminosäuren-Bedarf, der auch Auswirkungen auf das allgemeine Stressniveau im Alltag hat und Grundlage für den Ernährungsplan eines Hochsensiblen sein sollte.

Ein weiterer Faktor, von besonderer Bedeutung ist, neben der Art des Essens, die Art und Weise der Nahrungsaufnahme. Um einen hohen Stresspegel zu vermeiden, sollte besonders beim Essen darauf geachtet werden, dass die Mahlzeiten in Ruhe und in entspannter Atmosphäre eingenommen werden. Hierbei gilt es regelmäßig aber nicht zu üppig zu essen, denn als optimal gilt, wenn der Cortisolspiegel stabil ist. Ein Rhythmus von drei bis vier Stunden zeitlichen Abstands zwischen den Mahlzeiten, ebenso wie eine leichte und bekömmliche Nahrung die schnell verdaut werden kann, sind Grundlage für ein gesundes Essen. Dabei spielt eine bewusste Auswahl der Lebensmittel, die wir zu uns nehmen eine große Rolle, aber auch das Gespür für das optimale Essen für die jeweilige Person eine entscheidende Rolle.

Empfehlenswert ist eine vitalstoffreiche Vollwerternährung. Diese beinhaltet, dass in Fabriken hergestelltes so gut wie weggelassen werden sollte, wie dies vor den Zeiten der Industrialisierung der Fall war. Gängige Begriffe wie natürliche, regionale und saisonale Produkte, sollten keine hohlen Phrasen, sondern alltägliche Anwendung, sprich Standard im Speiseplan sein. In erster Linie bedeutet eine Vollwertkost den Genuss von viel Obst und Gemüse, naturbelassene Fette und frisches Getreide. In diesem Zusammenhang ist die Nutzung einer eigens dafür angeschafften Getreidemühle ein absoluter Vorteil, denn das Getreide kann immer direkt vor dem Verzehr oder der Weiterverarbeitung frisch gemahlen werden. Sich vollwertig zu ernähren ist eigentlich relativ einfach, wenn man sich wieder auf das althergebrachte besinnt und damit beschäftigt. Vorteilhaft ist es in diesem Zusammenhang sich langsam an eine Nahrungsumstellung zu gewöhnen und sich damit Stück für Stück auseinander zu setzen um Frustration und Enttäuschungen zu vermeiden, weil die plötzliche Umstellung der Ernährung nicht funktioniert. Naheliegend ist, dass der Hochsensible sich nach einer Nahrungsumstellung wohler fühlt und merkt, dass es ihm an nichts mangelt und wie gut vollwertige Speisen schmecken können.

Ein weiterer, wichtiger Faktor für das sich Wohlfühlen bei hochsensiblen ist die Einnahme der Mahlzeiten in Gemeinschaft. Das gemeinschaftliche Essen scheint die psychische Befindlichkeit besonders zu unterstützen. Die bereits erwähnte Regelmäßigkeit in gut getakteten zeitlichen Abständen, wird mit der Nahrungsaufnahme von Neugeborenen verglichen, die häufige, kleine Mahlzeiten benötigen, um einen etwa gleichbleibenden Blutzuckerspiegel zu halten, ebenso wie oftmalige Trinkpausen.

Die Befindlichkeit von hochsensiblen hängt stark von der Nahrungsaufnahme ab. Insofern sollte jeder der Betroffenen gut für sich sorgen, denn auf das was wir Essen, reagieren wir Menschen besonders intensiv. Daher spielen die Faktor Regelmäßigkeit, Qualität und

Quantität im Leben von hochsensiblen eine entscheidende Rolle.

Nahrungsmittel Unverträglichkeiten

Hochsensible Personen reagieren anders auf Nahrungsmittel als normal sensible. Dies äußerst sich in allen Beschwerde-Facetten, wie in einem Reizdarm, undefinierbaren Bauchschmerzen, Durchfall und Schmerzzuständen, Hautproblemen und einer geringen Vitalität. Stressfaktoren sind nicht nur äußere Einflussfaktoren wie Geräusche, Gerüchte etc., sondern außer Nahrungsmitteln auch Medikamente, Lebensmittelzusatzstoffe und Antibiotika. Die Hochsensibilität kann zu einem durchlässigen Darm, dem sogenannten Leaky-Gut-Syndrom und zu Entzündungsreaktionen führen. Beim Leaky-Gut-Syndrom ist die Darmschleimhaut gereizt, beschädigt und die ehemals feinen Poren werden immer größer. Durch die Entzündungsreaktion wird die Funktion der Darmschleimhaut eingeschränkt und es ist nicht mehr möglich wichtige Mikronährstoffe aufzunehmen. Dies kann dazu führen, dass Nahrungssubstanzen in die Blutbahn eintreten und zu allergisch-entzündlichen Reaktionen führen.

- Stoffe, die zum Leaky-Gut-Syndrom führen können sind beispielsweise Salicylsäure, welche in entzündungshemmenden und blutverdünnenden Arzneien zu finden ist (Aspirin),

- Benzoesäure, als Konservierungsstoff E210, und Natriumbenzonat, als Konservierungsstoff E211 (Ketchup, Senf, Saucen, Wurst, Margarine)
- Sulfite, als Konservierungsstoff und Antioxidationsmittel E221-228 (Wein, Trockenobst, Fruchtsäfte, Fruchtkonserven, Kartoffelprodukte)

Vitamine und Spurenelemente

Für die ausreichende Versorgung mit Vitaminen und Spurenelementen bei hochsensiblen Personen, welche durch ihre nervliche erhöhte Leistung auch einen größeren Bedarf haben, sind Vitamin D, Magnesium, Kalium wichtig. Vitamin D wird mit einer Burnout-Prophylaxe assoziiert, während Kalium für die Übertragung der elektrischen Impulse der Nervensignale von Bedeutung ist. Ein Kaliummangel kann zu Kreislaufproblemen und Schwindelgefühlen führen. Magnesium aktiviert einerseits ATP (Adenosintriphosphat), welches für die Energiebereitstellung der Nervenzellen notwendig ist und ist andererseits für die Entspannung im Körper zuständig, denn Magnesium sorgt für eine geringere Durchlässigkeit der Zellmembrane.

Im Zuge der Erhöhung des GABA-Spiegels, welche für die Aktivierung der Neurotransmitter zuständig sind, können Heilkräuter mit ihren natürlichen Wirkstoffen empfohlen werden, wie beispielsweise Jasmin, Rose, Baldrian, Grüntee. Einige Nahrungsmittel wie angekeimter Reis, Brennnesseln und Goji enthalten von Natur aus GABA. Ebenso förderlich ist es reichlich Vitamin B6 und Glutamin zur Verfügung zu stellen, welche die körpereigene Produktion von GABA unterstützen. Die Gabe von Phosphatidylserin, hat sich im Zusammenhang mit der Zellkommunikation als äußerst hilfreich erwiesen, denn Phosphatidylserin spielt in dieser Hinsicht eine entscheidende Schlüsselrolle. Allerdings kommt Phosphatidylserin überwiegend in tierischen Produkten, wie Rind, Schwein, Innereien von Tieren, atlantische Makrele und atlantischer Hering vor, kann aber auch als Nahrungsergänzungsmittel verzehrt werden.

Elementar für den Körper ist Glycin oder auch Aminoessigsäure oder Aminoethansäure genannt, ein Baustein vieler Eiweiße und bedeutsam für deren Funktion. Zugleich dient es als Mittel zur Körperentgiftung und als beruhigender Neurotransmitter. Glycin kann vom menschlichen Körper selbst synthetisiert werden und kommt in hoher Konzentration in tierischen, aber rohen Lebensmitteln wie Schwein, Huhn, Lachs vor. In weniger hoher Konzentration ist Glycin in pflanzlichen Lebensmitteln vorhanden wie Walnüssen, Kürbiskernen, Weizen- und Mais-Vollkornmehl, ungeschältem Reis, getrockneten Sojabohnen und getrockneten Erbsen.

Demgegenüber steht Glyphosat, welches chemisch dem Glycin so ähnlich ist, dass der Körper dies nicht unterscheiden kann. Jedoch ist Glyphosat ein Störfaktor für das Neurotransmittersystem im Körper und schädigt auch die Darmflora. Zudem gilt Glyphosat laut

Krebsforschung der WHO als vermutlich krebserregend. Meiden kann man Glyphosat in Lebensmitteln, indem auf Bio-Produkte zurückgreift, die nicht mit chemisch-synthetischen Pestiziden gezogen wurden.

Gemüse und Obst

Der Verzehr von Obst und Gemüse ist auf Grund der darin enthaltenen Phytochemikalien wichtig. Phytochemikalien sind Pflanzenwirkstoffe, die in Pflanzensamen, Blättern und Früchten vorkommen. Die Phytochemikalien wirken unter anderem Krebszellen hemmend, antimikrobiell oder auch cholesterinsenkend und schützen daher vor einer Vielzahl an Zivilisationskrankheiten wie etwa an Herzinfarkt, Diabetes millites 2, Schlaganfällen und Demenz. Phytochemikalien bekämpfen oxidativen Stress und Neuroinflammation (Entzündungen im Nervensystem), sodass die Gedächtnisleistung, das Lernvermögen und die geistige Beweglichkeit unterstützt wird. Dadurch sind Phytochemikalien eine gute Stütze um einen hochsensiblen Menschen die bessere und schnellere Verarbeitung von Reizen zu erleichtern.

Empfehlenswert ist laut den Ergebnissen einer Meta-Studie des Imperial-College in London im Jahre 2017 der Verzehr von 800 Gramm Obst und Gemüse am Tag, wobei laut den Ergebnissen der Studie bereits der Verzehr von 500 Gramm Obst und Gemüse gesundheitliche Vorteile mit sich bringt. Zu beachten ist in diesem Zusammenhang, dass mehr Gemüse als Obst verzehrt werden sollte, denn das Obst enthält zum Teil sehr viel Fruchtzucker. Die Gewichtung von 300 Gramm Obst und 500 Gramm Gemüse sind laut der Studie als optimal anzusehen. Im Grunde sind 300 Gramm Obst nicht sonderlich viel, wenn man bedenkt, dass ein Apfel mittlerer Größe bereits 200 Gramm wiegt. Zusammenfassend heißt dies, dass der Obstbedarf beispielsweise mit dem Verzehr von einem Apfel und einer Hand voller Beeren oder Trauben gedeckt werden kann. Für Gemüse gilt in etwa das Gleiche. So hat beispielsweise eine Gemüsetomate im Schnitt 220 Gramm, eine Paprika 155 Gramm, eine Zucchini 210 Gramm. Die angestrebte Menge an Gemüse kann also sehr einfach durch das Verspeisen als Beilage gedeckt werden. Laut der Studie ist es gleich, ob das Gemüse roh oder gekocht verzehrt wird. Lediglich das Obst sollte in rohem Zustand gegessen werden. Dosenobst oder Marmelade sind auf Grund des damit verbundenen Zuckergehaltes eher wenig empfehlenswert.

Fette und Öle

Die Aufnahme von Omega 6 und Omega 3 Fettsäuren ist von essenzieller Wichtigkeit, wobei das Verhältnis im Idealfall 5:1 betragen sollte. Omega 6 Fettsäuren sind enthalten in Getreide, günstigen Ölen wie Sonnenblumenöl, Maiskeimöl, Distelöl und Sojaöl, häufig in verarbeiteten Lebensmitteln und in Fleisch aus Masttierhaltung. Omega 3 Fettsäuren sind enthalten in hochwertigem Fisch bzw. auch Fischöl, hochwertigem Raps- und Leinenöl, in Baumnüssen und in korrekt gefüttertem Fleisch aus Wild.

Ebenso notwendig für eine gute Versorgung des Gehirns sind gesättigte Fette, da die Myelinscheiden der Nervenfasern, eine Ummantelung der Nervenfasern, mit einem vielschichtigen fetthaltigen Mantel, gesättigte Fette für eine gute Reizübertragung benötigen. Gesättigte Fettsäuren kommen in tierischen Fetten wie Butter, Schlagsahne, Fleisch und Wurstwaren vor, jedoch auch in Kokos- und Palmkernfett. Zudem kann der menschliche Körper sie selbst aus Glukose (Zucker) und Eiweißen herstellen.

Proteine / Aminosäuren

Proteine sind Eiweiße, die aus Aminosäuren aufgebaut werden und durch Peptidbindungen miteinander verknüpft sind. Proteine sind für zahlreiche Funktionen im menschlichen Körper von Bedeutung, wie beispielsweise für den Aufbau, Erhalt und die Erneuerung (z.B. Heilung) von Körperzellen notwendig. Der Proteinbedarf eines durchschnittlichen Erwachsenen liegt bei etwa 1,0g pro Kilogramm Körpergewicht, jedoch steigt der Bedarf an Protein bei körperlicher Aktivität nicht an. Protein wird mit der Nahrung aufgenommen und im Magen/Darm verdaut und in die Aminosäuren aufgespalten, welche die Zellen der Darmschleimhaut resorbieren und in die Blutbahn abgeben. Da der menschliche Körper nicht in der Lage ist, alle Aminosäuren herzustellen, diese jedoch als Bausteine seiner eigenen Proteine benötigt, ist es grundlegend, dass der Bedarf an essenziellen Aminosäuren mit der Nahrung abgedeckt wird. Proteinquellen sind tierischen oder pflanzlichen Ursprungs und kommen in Eier, Fisch, Fleisch, Milchprodukten, Hülsenfrüchten und Nüssen vor. Wichtig für hochsensible Personen ist zu wissen, dass die drei häufigsten Neurotransmitter Glutamat, GABA (Gamma-Aminobuttersäure) und Glycin Aminosäuren sind, wobei Glutamat der wichtigste erregende Transmitter ist, während GABA und Glycin die wichtigsten hemmenden Transmitter sind.

Kohlenhydrate

Die Menge an Kohlenhydraten richtet sich nach dem individuellen Energiebedarf, sowie dem Bedarf an Protein und den Richtwerten für die Fettzufuhr. Neben den Fetten spielen Kohlenhydrate für die Deckung des Energiebedarfs eines Erwachsenen die wichtigste Rolle. Für eine vollwertige Mischkost sollte das Kohlenhydrat-Zufuhr etwa die Hälfte der Energiezufuhr enthalten. Jedoch ist die Speicherkapazität in der Leber und in der Muskulatur begrenzt, sodass für hochbelastete Personen, wie Athleten oder in diesem Fall hochsensiblen Personen, zu empfehlen ist, dass die tägliche Ernährung aus einem Großteil an Kohlenhydraten bestehen sollte. Generell gilt, dass sich die Menge an benötigten Kohlenhydraten nach dem Körpergewicht und der körperlichen Aktivität richten sollte.

Empfehlenswert sind komplexe Kohlenhydrate (Oligo- oder Polysaccharide) in Form von Vollkornprodukten, Hülsenfrüchte und Nüssen, Kartoffeln oder Süßkartoffeln, Urgetreide, stärkehaltige Gemüse wie Wurzel- und Kohlgemüse, Karotten, sowie Obst. Einfache Kohlenhydrate (Monosaccharide) sollten in der täglichen Kohlenhydrat-Zufuhr maximal zehn Prozent ausmachen. Dies entspricht bei einem gesunden Erwachsenen etwa 50 Gramm Zucker pro Tag.

Monosaccharide sind beispielsweise enthalten in Haushalts-/Industriezucker, Honig, Süßigkeiten, Backwaren, süße Getränke, Fertigprodukte.

Welche Lebensmittel unterstützen bei Hochsensibilität?

Wichtig für einen hochsensiblen Menschen ist es, dass genügend Ausgangs- und Hilfsstoffe, also Vitalstoffe (Makro- und Mikronährstoffe), mit der Nahrung zugeführt werden. Dies ist eine eiweiß- und nährstoffreiche, sowie abwechslungsreiche und möglichst naturbelassene Kost, die entsprechend dem Bedarf genügend Vitamine, Mineralstoffe, Spurenelemente, essenzielle Fett- und Aminosäuren, sekundäre Pflanzenstoffe und weitere Vitalstoffe enthält. Die 10 Regeln der DGE (Deutsche Gesellschaft für Ernährung) bieten auf jeden Fall eine gute Ausgangslage für eine Gesunde Ernährung. Diese sind:

1. Genieße Lebensmittelvielfalt
2. „5 am Tag" an Obst und Gemüse
3. wähle Vollkorn
4. Ergänze mit tierischen Lebensmitteln die Auswahl
5. Nutze gesundheitsfördernde Fette
6. Spare Zucker und Salz
7. Trinke Wasser
8. Bereite schonend zu
9. Genieße achtsam
10. Achte auf dein Gewicht und bleibe in Bewegung

Allerdings sind diese Regeln sehr allgemein gehalten und beinhalten keine Mengenangaben oder konkreten Lebensmittelhinweise. Demgegenüber wird der Lebensmittelkreis wesentlich konkreter und nennt verschiedene Lebensmittelgruppen, welche für eine vollwertige Ernährung täglich verzehrt werden sollten. Ein ähnliches Konzept ist die Lebensmittelpyramide. Leider kann es keine konkrete Empfehlung geben, welche Lebensmittel bei Hochsensibilität besonders zu empfehlen sind, denn dies hängt von den Ernährungsgewohnheiten und den persönlichen Vorlieben der hochsensiblen Person ab, der es obliegt zu wählen, welche Lebensmittel sie gerne essen möchte. Denn wichtig ist, dass gerne, mit Freude und Genuss gegessen wird.

Allgemeine Probleme

Magen/Darmprobleme

Magen-Darm-Probleme sind besonders bei hochsensiblen Personen ein gängiges Thema, denn Stress, den hochsensible häufig haben, wirkt sich oftmals auf die Verdauung aus. Die Gängigsten unter ihnen sind Blähungen, Durchfall, Verstopfung, Reizmagen bis hin zu Morbus Crohn. Jedoch gibt es einige einfache Mittel, die Verdauung zu verbessern und die Magen-Darm-Probleme zu verringern. Hierzu zählen das richtige trinken, das Essen in der richtigen Reihenfolge und das Vermeiden von ungünstigen Lebensmittelkombinationen.

Die Zufuhr von ausreichender Flüssigkeit, spielt eine große Rolle, da die Schleimschicht des Darms zu 99% aus Wasser besteht. Ist die Schleimschicht zu trocken, wandern die Bakterien der Darmflora in die angrenzenden Zellen, wodurch Infektionen begünstigt werden oder entstehen können. Das Aufnehmen von ausreichenden Mengen an Wasser ist wichtig, sowie auch das wann, denn das Trinken zum oder nach dem Essen, verdünnt die Verdauungssäfte, sodass die Verdauungsfunktion dadurch vermindert wird, da die Bestandteile der Nahrung schlechter aufgeschlossen werden können und es infolgedessen zu Gärungsprozessen kommt. Ein paar Trinkregeln, welche die Verdauung fördern sind:

- morgens nach dem Aufstehen eine größere Menge Wasser zu trinken, um den Wasserhaushalt aufzufüllen
- eine halbe Stunde vor dem Essen nichts oder wenig zu trinken, um die Magensäure aufzubauen
- etwa eine halbe Stunde nach dem Essen nichts oder wenig zu trinken, damit die Magensäure genügend Zeit hat, das Essen aufzuschließen.

In der richtigen Reihenfolge essen bedeutet, dass jedes Nahrungsmittel einen anderen Zeitraum benötigt um verdaut werden zu können. Daher gilt, dass leichtverdauliches zuerst, schwerverdauliches zuletzt verzehrt werden sollte, denn der Magen verdaut in derjenigen Reihenfolge, wie wir die Nahrung zu uns genommen haben. Werden zuerst schwerverdauliche und dann leichtverdauliche Speisen genossen, können Gärprozesse zu Blähungen und zur Bildung von Fuselalkoholen führen, welche die Schleimhäute angreifen. Daher sollten folgende Regeln beachtet werden:

- Früchte sollten auf leeren Magen verspeist werden, wobei zuerst die säurehaltigen, dann die süßen Früchte verzehrt werden sollten
- Nach dem Genuss von Früchten sollte 15 Minuten pausiert werden
- Gemüse und Salat werden vor einer stärkehaltigen Mahlzeit verspeist, d.h. vor der Hauptmahlzeit
- Stärkehaltiges sollte vor den Proteinen gegessen werden. Dies bedeutet, dass kohlenhydratreiche Beilagen wie Kartoffeln, Nudeln, Reis vor dem Fleisch, Fisch oder Ei, sowie vor den pflanzlichen proteinreichen Nahrungsmitteln wie Erbsen, Bohnen, Linsen etc. verspeist werden sollten.
- Besonders sensible Personen sollten nach dem Genuss von stärkehaltigen Lebensmitteln etwa eine halbe Stunde warten, bevor sie Proteine genießen

Das Vermeiden von ungünstigen Lebensmittelkombinationen bezieht sich darauf, dass verschiedene Lebensmittel auch untereinander reagieren und daher schlecht verdaulich sind. Daher können folgende Regeln hilfreich sein:

- Säure und Stärke sollten nicht zusammen verwendet werden
- Kohlenhydrate und Eiweiße sollten in getrennten Mahlzeiten aufgenommen werden

- Unterschiedliche Eiweiße in verschiedenen Mahlzeiten genießen (ungünstig wäre z.B. Fleisch und Käse)
- Eiweiße und Fettsäuren getrennt verwenden (ungünstig wäre z.B. Joghurt und Nüsse)
- Zucker und Eiweiß getrennt verzehren

Antibiotika

Als Mittel zur Bekämpfung von bakteriellen Infekten wird üblicherweise Antibiotika eingesetzt, jedoch kann Antibiotika nicht zwischen nützlichen und schädlichen Bakterien unterscheiden, sodass die anfällige Darmflora bei hochsensiblen Personen bei einer zusätzlichen Antibiotika-Kur dauerhaft geschädigt werden kann. Gerät die Darmflora aus dem Gleichgewicht, so ist die körpereigene Abwehr nicht mehr dazu in der Lage, die Ausbreitung von Darmpilzen zu verhindern. Die Folge sind Durchfälle und Verdauungsbeschwerden wie starke Blähungen. Die Funktion der Darmflora in unserem Körper ist in erster Linie eine mikrobielle Barriere, denn die Darmbakterien sind an der Darmschleimhaut angesiedelt und überziehen diese wie eine Schutzschicht gegen Schadstoffe und Krankheitserreger. Die Darmmotilität, d.h. die Bewegung des Darms, wird durch die Darmflora angeregt, ebenso wie der Stoffwechsel und die Durchblutung der Darmschleimhaut angeregt wird.

Zudem ist die Darmflora für das Bilden von Vitaminen, wie dem Vitamin B, Folsäure, Biotin zuständig. Eine Zerstörung oder Schädigung dieses Mirko Systems hat entsprechende Konsequenzen.

Hautprobleme

Bei hochsensiblen Personen entstehen sehr oft Hautprobleme. Nicht umsonst wird die Haut als Schutz und Abgrenzung nach außen bezeichnet und zeigt die nicht ausreichend verarbeiteten Umweltreize in Form von leichten Irritationen wie wunde, rissige oder gar offener Haut bis hin zu Unverträglichkeiten von Inhaltsstoffen in Kosmetika. Auch Ekzeme, Akne, Psoriasis, Schuppenflechte oder Neurodermitis zählen zu den typischen Begleiterscheinungen bei Hochsensibilität. Schutz und Pflege können hier ein wenig abhelfe schaffen, jedoch ist es im Zweifelsfalle ratsam einen Arzt zu konsultieren. Manchmal helfen aber auch folgende Tipps:

- lange Sonnenbäder vermeiden
- vermeiden von Zucker, industriell gefertigtem Essen, künstliche Geschmacksverstärker
- Stress und Aufregung vermeiden
- Qualitativ hochwertige Kosmetikprodukte verwenden.

Allergien

Die Überempfindlichkeit des Immunsystems auf harmlose Stoffe, könnte auch als überzogenes Schutzbedürfnis des Körpers bezeichnet werden. Im Gegensatz zu normal Sensiblen sind hochsensible Personen offenbar anfälliger für Allergien.

Zu unterscheiden ist im Zusammenhang mit Nahrungsmittelunverträglichkeiten zwischen den IgE- und den IgG-vermittler Allergien. Eine IgE-vermittler Allergie führt zu einer Sofortreaktion, wie dies bei klassischen Allergien auftritt. Eine IgG-vermittler Allergie hat eine Spätreaktion zur Folge, sodass häufig auf Grund der zeitlichen Verzögerung unbekannt ist, welches Lebensmittel oder welcher Lebensmittelinhaltsstoff die Allergie auslöst. Wichtig ist in diesem Zusammenhang zu wissen, dass allen Allergien ein gemeinsamer Nenner zugrunde liegt: Histamin.

Histamin ist ein Gewebehormon und Botenstoff, welcher vom Körper selbst hergestellt und über die Nahrung aufgenommen wird. Wichtige Botenstoffe wie Serotonin, Adrenalin und Noradrenalin, können durch eine zu hohe Histamin-Konzentration das zentrale Nervensystem beeinflussen. Untersuchungen von Jerome Kargan haben gezeigt, dass hochsensible Personen eine höhere Konzentration an Noradrenalin im Blut aufweisen. Ebenso kommt es durch die intensivere Sinnesverarbeitung zu einer schnelleren

Adrenalinausschüttung. Die Folge ist, dass der Körper einer hochsensiblen Person vermehrt Cortisol bildet und beim Erreichen eines zu hohen Coritsolwertes die Serotoninproduktion gesenkt wird. Jedoch benötigen hochsensible Personen zur Produktion von Neurotransmittern größere Mengen an Ausgangs- und Hilfsstoffen, als normale Personen.

Es ist daher von absoluter Wichtigkeit, dass hochsensible Personen besonders auf ihre Ernährung achten und Stressoren vermieden oder stark reduziert werden. Um Stressoren in der Nahrung zu vermeiden ist es hilfreich auf Lebensmittelzusatzstoffe zu achten, Antibiotika nur in notwendigen Fällen einzusetzen bzw. nach Möglichkeit ganz darauf zu verzichten, sowie mithilfe einer professionellen Allergiediagnostik die Nahrungsmittel-Stressoren zu erkennen und diese zu verringern. Ein klassischer Allergietest wäre ein sogenannter Pricktest oder für die IgG, d.h. für die spät folgenden Allergien ein Blutserumstest.

Entzündungshemmende Mikronährstoffe sind vor allem Zink, Kupfer, B6, B5 und D3. Zusätzlich gibt es sekundäre Pflanzenstoffe, die ein hochsensibler Mensch nutzen kann, seine Entzündungen zu reduzieren. Diese sind Myrrhe, Kamille, Curcuma, Grüntee Traubenkernextrakt. Weiterhin ist es wichtig die lektinhaltigen Nahrungsmittel einzuschränken. Hierzu zählen Weizen, Erdnüsse und Soja.

In diesem Zusammenhang ist es wichtig, dass eine gute Darmbarriere vom Hochsensiblen aufgebaut und gepflegt wird. Die gezielte Gabe von Probiotika nach einer entsprechenden Stuhldiagnostik ist hilfreich, wie auch das bewusste Aufnehmen von Präbiotika, welches in Inulin und Kartoffelstärke vorkommt und als Futter für die Darmbakterien wirkt. Auch sollten die Spurenelemente Zink, Selen, Vitamin A, B6, C, E, D3 und Biotin in ausreichenden Mengen verzehrt werden. Zudem ist für eine ausreichende Menge an Ausgangs- und Hilfsstoffen zu sorgen. Zu den Ausgangsstoffen zählen Aminosäuren wie Cystein, Glutamin, Glycin, Phenylalanin, Tryptophan, Tyrosin. Zu den Hilfsstoffen zählen Folsäure, Niacin, Pantothensäure, Riboflavin, die Vitamine B6, B12, C, sowie Calcium, Magnesium, Selen, Zink, Glutathion und Alpha-Liponsäure. Schlussendlich ist eine Eiweiß- und Nährstoffreiche mit entsprechender Anzahl verschiedener Gemüse und Früchte, sowie abwechslungsreiche und möglichst Naturbelassene Ernährung zu empfehlen.

Schlafprobleme

Hochsensible Personen sind häufiger und stärker von Schlafproblemen betroffen. Schlafstörungen unterscheiden sich in Einschlaf- und Aufwachstörungen. Hält eine Schlafstörung längere Zeit an, beeinträchtigt sie das Wohlbefinden und macht krank, denn sie wirkt negativ auf das Stoffwechselsystem und begünstigt Krankheiten wie Diabetes Melites 2, Magengeschwüre, Bluthochdruck, etc..

Allerdings ist es hochsensiblen Personen auf Grund ihrer Hochsensibilität möglich, leichter auf Impulse von außen zu reagieren, die ihren Schlaf unterstützen. Dazu gehört eine Zu-Bett-Geh-Routine, mit einer Vorlaufzeit, welche die Aktivität herunterfährt, das Vermeiden von übermäßigem, schwerverdaulichem Essen oder der Genuss von koffeinhaltigen Produkten, sowie das Entfernen von störenden Einflüssen im Schlafzimmer wie Radio, PC, Handy, TV und eine ruhige Atmosphäre. Es ist davon abzuraten bei andauernden Schlafstörungen entsprechende Medikamente einzunehmen, jedoch können pflanzliche Hilfsmittel wie Baldrian, Hopfen oder Lavendel wie sie in frei verkäuflichen Schlaftees enthalten sind, helfen.

Übungen die den Alltag leichter machen

Im Alltag können Übungen dabei helfen, mit Hochsensibilität besser umzugehen. Im Folgenden werden drei vorgestellt.

1. Ausrichten der bewussten Wahrnehmung

Für hochsensible Menschen ist die Wahrnehmung von zentraler Bedeutung, was aber auch ein Schwachpunkt sein kann. Wichtig ist, entscheiden zu können, welche Reize bewusst wahrgenommen werden sollen.

Übung:
Nehmen Sie dazu ein Blatt Papier und beantworten Sie folgende Fragen:
- *Was nehme ich im Moment wahr?*
- *Was nehme ich nicht wahr?*
- *Wohin will ich meine Wahrnehmung steuern?*

2. Lernen der mentalen Abgrenzung

Um ihre eigenen Grenzen besser kennenzulernen und anderen gegenüber deutlich machen zu können, müssen Sie lernen, den inneren Fokus auf sich selbst zu legen.

Übung:

Nehmen Sie dazu ein Blatt Papier und beantworten Sie folgende Fragen:

- *Sind das meine Gefühle, die ich wahrnehme?*
- *Sind das meine Gedanken, die ich wahrnehme?*
- *Sind das meine eigenen körperlichen Empfindungen, die ich wahrnehme?*

3. Lernen auf die eigenen Grenzen zu achten

Als hochsensibler Mensch sind Sie immer wieder in der Situation, dass Sie mit einem plötzlichen Wandel der Gefühle und Reaktion Ihrem Gegenüber auftreten. Solche Schutzreaktionen weisen darauf hin, dass die eigene Grenze soeben unbemerkt überschritten wurde. Es ist daher elementar, dass Sie lernen auf Ihre Grenzen zu achten und diese nötigenfalls auch ziehen.

Übung:

Nehmen Sie dazu ein Blatt Papier und beantworten Sie folgende Fragen:

- *Klärende Abgrenzung: Was ist meine Aufgabe?*
- *zeitliche Abgrenzung: Was habe ich jetzt zu tun?*
- *räumliche Abgrenzung: Was habe ich jetzt, hier und an diesem Ort zu tun?*
- *fachliche Abgrenzung: Wofür bin ich jetzt im Team, in der Gruppe, auf der Arbeit zuständig?*
- *soziale Abgrenzung: Wofür bin ich jetzt im sozialen Miteinander zuständig?*

Wahrnehmung:
Achtsam leben, Stärken fördern

Um als hochsensible Person Sorge für die Gesundheit zu tragen, empfiehlt es sich in erster Linie ein umfangreiches Stress- und Selbstmanagement. Hierzu gehört beispielsweise die Reduzierung einer möglichen Reizflut im Vorhinein wenn möglich (Handy, PC, Geräusche etc.), sowie ein Entrümpeln Ihrer Wohnung und Ihres Lebensumfeldes. Dies bezieht sich auf unordentliche Zimmer, unerledigte Papiere und aufgeschobene Terminsachen, Erinnerungszettel, aber auch vielleicht an ständig präsente Vergangenheitserinnerungen (z.B. Fotostrecke im Flur).

Ein weiterer Punkt ist ein regelmäßiger Lebensrhythmus, bei dem man immer zur gleichen Zeit aufsteht, isst und schlafen geht. Hierbei sollten auch die Essenszeiten einer zeitlichen und mengenmäßig großen Regelmäßigkeit unterliegen, denn dadurch lässt sich Nahrungsstress vermeiden. Dazu gehört neben einer gezielten Auswahl der Lebensmittel und Gerichte eine Begrenzung oder vielleicht Ausweitung der Mahlzeiten auf 3-5 Mahlzeiten pro Tag mit 3-mal 5 Zutaten. Die Mahlzeiten sollten den Darm in seiner Tätigkeit unterstützen, sodass die hochsensible Person Ihre eventuell vorhanden Magen-

Darm-Probleme entweder in den Griff bekommt oder reduziert. Hierzu zählt auch die ausreichende Versorgung des Körpers mit Vitalstoffen und die ausreichende Beachtung der übrigen Säulen einer gesunden Lebensführung (Bewegung, Ernährung, Ausgleich, Mindset (Bewusstsein), Umgebung).

Zudem sollte man sein Körper durch regelmäßige Entspannungsphasen (Atemübungen, Yoga, Entspannungsübungen) und sportlicher Betätigung vom Alltag entlasten. Wichtig zu wissen ist, dass ein Ausdauer- oder ein Krafttraining unterschiedliche Wirkungen auf den Körper eines hochsensiblen Menschen ausüben.

Ausdauertraining bringt den Abbau des Cortisols (Fluchtreaktion), die Freisetzung von Endorphin und Serotonin (Glückshormone), also ein gutes Gefühl mit sich, sowie die Anregung der Blut- und Sauerstoffzufuhr in Körper und Gehirn mit sich. Dies führt zu einer erhöhten Empfindsamkeit durch eine erhöhte Adrenalinproduktion, sowie zu einem höheren Bedarf an Ausgangs- und Hilfsstoffen. Ausdauertraining erfordert daher die vermehrte Bereitstellung der Nährstoffe für den Körper und deren effizienteren Transport innerhalb des Körpers.

Demgegenüber bringt Krafttraining eine deutliche Stärkung des Selbstbewusstseins und einen Stimmungsanstieg mit sich, denn das Gefühl von

Ausgeliefertsein kann eventuell durchbrochen werden und einer Selbstbestimmtheit weichen. Zudem verbessert Krafttraining die Aufmerksamkeitssteuerung, sodass Spannungs- und Depressionswerte gesenkt werden können. Dies bezieht sich vor allem auf Aspekte wie die Atmung, Körperhaltung, Bewegungsgeschwindigkeit und Kraftanstrengung. Krafttraining bietet eine langfristig bessere Regulation des Cortisols, setzt Endorphin (Glückshormon) und Dopamin frei und erhöht den produzierten PGC-1-Wert (Fitmacher) im Muskel.

Wiederum sieht man, dass körperliche Fitness, ganz gleich ob Ausdauer- oder Krafttraining, eines Hochsensiblen immer guttun wird.

Neben der Achtsamkeit im Umgang mit sich selbst und vor allem der Pflege der eigenen körperlichen Bedürfnisse, sollte ein hochsensibler Mensch die Stärken und Vorteile seines Wesenszugs für sich annehmen und ein Vertrauen in sich selbst aufbauen. Hierbei spielt die Sinnsuche bzw. Sinnzuweisung des Lebens, der Arbeit und der eigenen Handlungen eine immense Rolle. Aber auch eine respektvolle Kommunikation, sowie den liebevollen Umgang mit den eigenen Gefühlen und denen von anderen. Dazu gehört es auch, für die eigene Entwicklung und das eigene Leben hinderliche Glaubenssätze zu erkennen und zu verwandeln.

Meditation und tägliche energetische Reinigung

Als Meditation wird im Allgemeinen eine Reihe von Übungen des Geistes bezeichnet, welche in diversen Traditionen seit ewiger Zeit überliefert werden und auch in der westlichen Welt Anwendung finden. Zentrales Element einer meditativen Technik ist das bewusste Steuern der Aufmerksamkeit, welche zu positiven Veränderungen des Denkens, Fühlens, Erlebens oder zu besonderen Einsichten und Zuständen führen soll.

Nach einer Umfrage legen hochsensible Menschen höheren Wert auf Meditation als nicht hochsensible Personen, wobei bemerkt werden muss, dass je höher der erreichte Punktewert eines abgelegten Hochsensibilitäts-Tests war, es den befragten Personen auch wichtiger war zu meditieren. Gleichzeitig empfinden, laut dieser Umfrage hochsensible Personen, welche meditieren, ihren Alltag als geringere Belastung, als jene hochsensiblen Personen, die nicht meditieren. Es erscheint daher sinnvoll hochsensiblen Menschen dazu zu raten, zu meditieren um ihr Befinden dauerhaft zu verbessern und um mit entstehenden Alltagsstresssituationen besser umgehen zu können.

Eine Meditation oder tägliche energetische Reinigung sollte für einen hochsensiblen Menschen etwa die

Bedeutung einnehmen, wie eine Dusche um quasi den Dreck abzuwaschen, nur dass es sich in diesem Fall um die von anderen Menschen aufgenommenen Gedanken und Gefühle handelt. Ziel ist es, das Negative und Überflüssige abzustreifen. Dies kann in einer Meditation oder direkt unter der Dusche gemacht werden um wieder zu sich selbst zu finden. Dazu kann auch ein Spaziergang in der Natur, Yoga, Malen oder musizieren hilfreich sein, je nach Bedürfnis.

Schluss

Da Hochsensibilität keine Krankheit, sondern ein besonderes Wesensmerkmal ist, gibt es kein Patentrezept für den Umgang mit Hochsensibilität und wenn Sie davon betroffen sind, müssen Sie den beruflichen und privaten Alltag mit all seinen Schwierigkeiten meistern und für sich geeignete Strategien entwickeln, die es Ihnen ermöglichen, gut mit Hochsensibilität umzugehen. Mithilfe von außen und einer achtsamen Einstellung zu sich selbst, zum Beispiel positiv unterstützt durch Meditation, können Sie Routinen entwickeln, die für die nötige Entspannung sorgen, um die permanente Reizüberflutung des Alltags gelassen hinnehmen zu können.

Quellenangaben

1. https://www.gesundheit.de/medizin/psychologie/hochsensibilitaet
2. https://www.apotheken-umschau.de/gesund-bleiben/psyche/hochsensibel-das-ueberreizte-gehirn-716027.html
3. https://www.adhspedia.de/wiki/Hochsensibilität
4. https://ernaehrung-heilen.de/richtig-ernaehren-bei-hochsensibilitaet/
5. https://www.vollwertigleben.at/hochsensibilitaet-und-
6. https://ernaehrung-heilen.de/richtig-ernaehren-bei-hochsensibilitaet/
7. https://www.aerztezeitung.de/Medizin/Alles-ist-zu-laut-zu-voll-zu-grell-247671.html
8. https://de.wikipedia.org/wiki/Reizüberflutung
9. https://instahelp.me/de/magazin/selbstwert/hochsensibilitaet-5-tipps-die-das-leben-leichter-machen/
10. https://www.powerful-me.de/besser-leben/hochsensibilitaet/
11. https://www.netdoktor.de/krankheiten/hochsensibilitaet/
12. https://www.meinegesundheit.at/cdscontent/?contentid=10007.690146
13. https://www.grin.com/document/386628
14. https://www.gesundheit.de/medizin/psychologie/hochsensibilitaet
15. hochsensibel.org/dokumente/externe/Wissenschaft/Carstensen-B.A..pdf
16. magazin/kleinkind/entwicklung/hochsensibilitaet-bei-kindern.html#:~:text=Hochsensible%20Menschen%20nchmen%20viele%20Reize,oder%20sehr%20hoher%20Reizbarkeit%20führen.
17. kita.de/wissen/hochsensible-kinder/
18. www.mother-now.de/familie/kleinkind/hochsensibilitaet-baby-tipps/
19. https://www.wireltern.ch/artikel/so-erleben-muetter-ihre-hochsensibilitaet-0420
20. chezmamapoule.com/hochsensibel/
21. https://www.wireltern.ch/artikel/so-erleben-muetter-ihre-hochsensibilitaet-0420
22. chezmamapoule.com/hochsensibel/
23. www.uwebwerner.de/hochsensibel-wege-durch-den-alltag/
24. www.kochenohne.de/ratgeber/wieviel-wiegt/
25. hochsensibelsein.de/5-komponenten-einer-gesunden-ernaehrung-fuer-hochsensible-menschen/#Baustein_Nr_5_die_richtigen_Fette_und_Oele_fuer_eine_Gehirn-gesunde_Ernaehrung_fuer_Hochsensible
26. https://www.gesundheit.gv.at/leben/ernaehrung/info/fette
27. https://de.wikipedia.org/wiki/Protein#Protein_in_der_Nahrung
28. https://www.chemie.de/lexikon/Neurotransmitter.html
29. https://www.dge.de/wissenschaft/referenzwerte/kohlenhydrate-ballaststoffe/?L=0
30. https://focus-arztsuche.de/magazin/ernaehrung/was-sind-kohlenhydrate-sind-und-wo-stecken-sie-drin#:~:text=Sie%20stecken%20in%20Nudeln%2C%20Kartoffeln,für%20den%20Körper%20als%20andere.
31. https://www.hsp-kongress.ch/images/2017_kongress/downloads/Jasmin_Buehler_Hochsensibilitat_und_Ernahrung_2017.pdf
32. https://www.dge.de/ernaehrungspraxis/vollwertige-ernaehrung/10-regeln-der-dge/
33. https://www.dge.de/ernaehrungspraxis/vollwertige-ernaehrung/ernaehrungskreis/

34. https://www.dge.de/fileadmin/public/doc/fs/3dlmp/200714-DGE-Arbeitsblaetter-03-formular-check.pdf

35. https://www.randstad.de/hr-portal/personalmanagement/hochsensibilitaet-was-ist-das/

36. https://de.wikipedia.org/wiki/Sinn_(Wahrnehmung)#Die_klassischen_fünf_Sinne_des_Menschen

37. https://open-mind-akademie.de/12-sinne/

38. https://www.weka.ch/themen/fuehrung-kompetenzen/selbstmanagement/selbst-und-zeitmanagement/article/hochsensibel-3-tipps-wie-sie-mit-ihrer-duennen-haut-positiv-umgehen/

39. https://ernaehrung-heilen.de/richtig-ernaehren-bei-hochsensibilitaet/

40. https://www.hsp-kongress.ch/images/2017_kongress/downloads/Jasmin_Buehler_Hochsensibilitat_und_Bewegung_2017.pdf

41. https://www.vollwertigleben.at/hochsensibilitaet-und-ernaehrung/#:~:text=Erdende%20Wirkung%20haben%20Lebensmittel%20wie,umhüllenden"%20und%20somit%20schützenden%20Effekt.

42. https://de.wikipedia.org/wiki/Meditation

43. https://praxistipps.focus.de/energetische-reinigung-das-steckt-dahinter_125028

44. https://hochsensible.eu/2017/09/10/hochsensibilitaet-und-meditation/

45. https://fitneo.de/hochsensibilitaet-tipps/